Shakira

María Sánchez
Comunicadora social y periodista de la Universidad de la Sabana. Relacionista pública y jefe de prensa de personalidades, entre ellos: Shakira, Kika Chile, Aura Cristina Geithner, Guayacán y Óscar Borda. Experta en el manejo de eventos y lanzamientos de productos.

Ana Sofía Sierra
Periodista de la Universidad Jorge Tadeo Lozano. Columnista, por varios años, de la página de *Juan sin miedo* y directora de publicaciones especializadas, en *El Espectador* y Editora Cinco. Fundadora de la Asociación Colombiana de Periodistas del Espectáculo (ACPE).

María Sánchez   Ana Sofía Sierra

Shakira

Lo que nadie conoce

Shakira
Lo que nadie conoce

© María Sánchez A. 2001
© Ana Sofía Sierra. 2001

Primera edición en Debolsillo, 2006

© 2001 Editorial Grijalbo LTDA (Grijalbo Mondadori SA)
   Cra. 20 No. 32-43
   E-mail: grijalbo@col.telecom.com.co
   Bogotá, D.C.

D.R. Random House Mondadori, S.A. de C.V.
   Av. Homero 544, Col. Chapultepec Morales,
   Del. Miguel Hidalgo, C.P. 11570, México, D.F.

www.randomhousemondadori.com.mx

ISBN: 978-0-307-39109-4 (Random House INC.)
ISBN: 978-970-780-260-5 (Random House Mondadori S.A. de C.V.)

Diseño de Portada: Departamento de diseño
Random House Mondadori
Foto de la portada: © Stephane Cardinale/People Avenue/Corbis

Impreso en México/*Printed in Mexico*

Índice

Prefacio

Nadie como Shakira ha logrado tan rápidamente parecerse a sus propios sueños: ser famosa, rica, rubia, bella, amada, deseada, a la moda y respetada. En lo que sí fue diferente a muchos que logran el éxito es que jamás se llevó a muchos por delante para conseguirlo. Al revés. Ella prefirió ser la desconocida, la morena de Barranquilla, la poco agraciada, la novia abandonada, la chica de dudoso gusto y la criticada. Por muchos años fue así. Sin embargo, supo desde siempre que su triunfo estaba precisamente en resistir, en luchar, en volver a empezar. Decía que podía caerse de una escalera de cincuenta escalones pero estaría lista para volver a subir. Mientras muchos se dedicaban a su exterior, ella día y noche se consagraba a su interior. Y como todas las auténticas estrellas, tiene una personalidad tan grande como su ganado reconocimiento actual. Marcó otra diferencia también desde temprano: prefirió ser escuchada por encima de ser observada.

EN BOGOTÁ

Las tardes de sábado a Shakira le marcaron su destino. Un sábado por la tarde, recién llegada de Barranquilla a Bogotá, contrató a una jefa de prensa, con el argumento de que ella sería reconocida —nunca habló de fama— porque estaba dispuesta a ser mejor cada día. En esa sala prestada, sentada en un sofá igualmente prestado, en la pensión de señoritas provincianas y universitarias donde vivió al norte de la ciudad, prometió lo que ya todos saben que consiguió, pero a pesar de esa contundente firmeza de sus palabras jamás perdió ese halo de humildad que muchos aún le reconocen. Igualmente fue en un sábado lluvioso y tristón, típico de la capital y cuando ya habían pasado seis años de lucha, que muy seriamente le dijo a su mamá y a su jefa de prensa: "Ayúdenme a administrar la fama que se viene". La diferencia de esas dos tardes era que esta vez estaba sentada en el rincón de un sofá blanco e inmaculado, suyo, en un apartamento igualmente suyo en el que se sentía cómoda y segura. ¿Qué pasó entre esos dos sábados?

Porque no todos los días de Shakira fueron como aquel en el que recibió el Grammy de manos de Gloria Estefan. No siempre tuvo un novio a su lado, al cual besar, admirar y agradecer como lo tuvo esa noche. Tampoco había a la mano una diseñadora argentina lista para confeccionarle un vestido dorado, cinco días antes de la ceremonia. Mucho menos, tenía varios periodistas suplicando por unas respuestas rápidas sobre su pensamiento del momento.

No hace mucho tiempo se le propuso que escribiera su autobiografía y se limitó a contestar: "Todavía no tengo nada que contar", pero este libro demostrará lo contrario.

¡Arranquemos!

1

¿Dónde estás corazón?

Shakira

Ayer conocí un cielo sin sol
y hombre sin suelo.

Shakira no le podría pedir nada más a la vida. Tiene una fama bien ganada, un *penthouse* cerca de la playa para caminar descalza, un Mercedes Benz convertible para volar. Entra a las tiendas de ropa a comprar lo que se le antoja sin mirar los precios y paga de contado. Es dueña de un avión, éste sí cancelado a plazos. Puede adquirir los sueños materiales para sus siete hermanos. Una madre y un padre por fin juntos. Un ejército de sumisos servidores pendientes de sus más terrenales deseos y, por supuesto, a Antonio de la Rúa, su novio.

Aparentemente lo tiene todo, pero no siempre ha sido así, especialmente en los asuntos con los hombres. No hace mucho que lloró a mares en una gira por Colombia, por una superestrella de la canción. Fue ayer que la cantante y actriz colombiana Carolina Sabino la distanció del que para ella era el novio ideal: rubio, bello, ojos azules y músico. Tampoco consiguió el amor de su compañero de reparto en su primera y única telenovela, *El Oasis*, un misterioso actor que ahora vive en Nueva York. Igual fue su desventura con el actor boricua Osvaldo Ríos, porque aún hoy no puede estar segura si al que conoció y amó no era más que un personaje creado por él, con el único propósito de seducirla. Aquellos que creen que Shakira es una elegida, tienen la razón. Sin embargo, nada de lo vivido le salió gratis.

POR COLOMBIA CON RICKY

Un millón de copias vendidas de su disco *Pies descalzos* la convirtieron en la telonera de Ricky Martin en una serie de conciertos que los llevó por las principales ciudades colombianas. Ellos se habían conocido antes, cuando ella se ganó con la canción "Eres" una Antorcha de Plata en el Festival de Viña del Mar (Chile) como participante, y él era un orgulloso miembro del jurado. En aquella ocasión sólo consiguió de la ya famosa estrella una fotico. Incluso esa imagen salió publicada en diversos medios de comunicación, pero no entablaron ninguna amistad que valiera la pena.

Su primer gran encuentro se dio en una rueda de prensa en el hotel Tequendama, en Bogotá, antes de comenzar la gira. Esa noche se quedaron conversando en una de las habitaciones, y ella, más tarde, de regreso a su apartamento, confesó: "Estoy enamorada". Esa noche Ricky se parecía al galán que Shakira había idealizado como el hombre perfecto. Estaba vestido de pantalón negro y ancho, una camiseta blanca pegada al cuerpo, un saco de lana colgado al cuello. esa época el cabello ondulado y dorado le daba en los hombros y su perfume varonil atravesaba paredes. Ella, por su parte, hacía muchos años que no daba respuestas más creativas y profundas. Ésa es una de sus armas amorosas más cautivadoras.

De hecho, cuando departían con varias personas en la suite La Bachue, Ricky no hizo más que halagarla. Admiró su inteligencia, su belleza, y eso no ayudó mucho a Shakira en los siguientes días para sacarlo de su cabeza. Pero la seducción tuvo un remate físico inesperado para la cantante: él se puso a bailar para los presentes de ese modo sensual y lento que le conocemos en algunos de sus videos. Y lo que terminó de animar a Shakira es que el famoso intérprete le admitió que creía fervientemente en los ángeles.

En esa ocasión Shakira hizo maletas, cosa que no le gusta, con un nuevo entusiasmo. Empacó sus mejores pintas y emprendió su sutil manera de conquista en ese viaje. Viéndolo bien, en ese entonces, ella no tendría otra mejor oportunidad para llamar su atención y eso fue lo hizo. Trató todo el tiempo de encontrarlo casualmente, pero sus horarios no coincidían y eso que sus habitaciones eran contiguas. En el hotel Park 10, de Medellín, Shakira sabía que la única posibilidad de encontrarse con él era antes, en o después de la rueda de prensa.

Claro que lo intentó, pero sólo logró que le diera un toquecito en la cabeza, de esos que se dan a los chicos cuando inspiran ternura. Esa noche, para su fortuna, hubo algo que torció la desconsoladora rutina de la gira: la madre de Ricky cumplió años. La celebración íntima entre bailarines, músicos y empresarios decidieron llevarla a cabo en la habitación del cantante. Cuando Shakira entró, Ricky estaba de espaldas, en pantaloneta, frente a la ventana y mirando hacia abajo, saludando a las fanáticas que velaron su estadía en la ciudad antioqueña. Por supuesto, ésa tampoco fue la ocasión para la cercanía que ella buscó durante esos quince días.

El otro instante de intimidad curiosamente fue en el vuelo entre Medellín y Cali. Ricky iba adelante con su mamá, su jefe de prensa y atrás iba Shakira con su séquito. Durante esos minutos hubo momentos de carcajadas y camaradería, entonces él, para acercarse a ella, ponía su mano derecha en el espaldar de su silla y movía los dedos. Ella, ni corta ni perezosa, los agarró con cariño, pero al bajar todo volvió a la fría realidad. Esa tarde, en el hotel La Torre, de Cali, la tristeza invadió a Shakira y antes del concierto se encerró en el baño, se metió en la tina, escribió versos y salió como nueva.

El fantasma de Ricky Martin se empezaba a esfumar. Pero lo que terminó por acabar ese efímero amor musical fue que ya en la van, rumbo al estadio de fútbol Pascual Guerrero, Ricky cambió de estado de ánimo segundo a segundo. Primero rió, luego lloró, más tarde se aferró a su mamá como un bebé, y lo peor fue que cuando las puertas de la camioneta se abrieron, él era la celebridad más feliz del universo, Eso le bastó a la compositora para aplicar inmediatamente su particular terapia de cura amatoria: llorarlo como en un velorio de nueve noches hasta sanar.

Aunque algunos dirán que eso no ocurrió tan rápido, porque esa noche, cuando le faltaba un tema para finalizar su función, en el mismo escenario que compartió con Ricky, se quedó sin voz. No hay peor tragedia para un cantante que ese momento. Por supuesto, las siguientes horas las vivieron como en una pesadilla. Llamaron médicos de Bogotá y Cali. No faltó la miel caliente con limón. Curiosamente el médico consultado telefónicamente le aseguró que si no se cuidaba con medicinas la garganta, algún día podría perder la voz. Por suerte, ellos también se equivocan.

A pesar de que dicen que los años son sabios, todavía se siente el dolor.

Shakira jamás se ha despertado una mañana sin estar enamorada. Antes apostaba que el día que su carrera le impidiera ser una mujer plena con su pareja, prefería renunciar. Su entrega es absoluta y tiene una capacidad de perdón poco usual entre los enamorados. Eso sí, del mismo modo que ama, dice adiós con facilidad a una relación que ya no le produce alegrías, porque no relaciona el amor con el sufrimiento. Por mucho tiempo, en la distancia enorme que había entre una ilusionada chica colombiana que aspiraba a ser una cantante y el soleado Hollywood, sostuvo una ilusión por Lorenzo Lamas. Con esa visión rosada de la adolescencia, el actor le resultaba un hombre muy guapo.

Mucho más tarde, cuando Steven Spielberg la llamó a un *casting* para el protagónico de *El Zorro*, en Los Ángeles, le bastó sólo verlo de lejos para bajarlo de la nube de sus preferidos. Para terminar una relación aplica su teoría: "Inteligencia y técnica". No entiende cómo alguien puede demorar sufriendo meses por culpa de una ruptura. Claro que eso no quiere decir que esta práctica le haya ayudado a no morir de dolor por un amor fallido.

De ésos ha tenido muchos. Entre ellos está el que padeció por el actor colombiano Juan Sebastián Aragón. Por él rompió el esquema de su hombre ideal: Aragón es bello, pero bajo, moreno, aunque con un buen cuerpo. Se alejaba del prototipo de sus elegidos; entre ésos, estaba su novio de Barranquilla, Óscar Ulloa. A Óscar lo vio bajo el sol en una playa cerca de su ciudad natal: rubio, blanco, ojos claros y con cabello ondulado.

Precisamente, cuando empezó a grabar *El Oasis*, telenovela donde Juan Sebastián formaba parte del elenco, aún no se había desencantado totalmente de Ulloa. Mientras ella estaba lista para atrapar el mundo y engullir sueños como chocolates, el chico que la siguió hasta Bogotá apenas empezaba a madurar. Ella crecía artísticamente y él hasta celos sentía por los pequeños pero ya afortunados logros que empezaba a acumular. Ulloa fue desapareciendo de su corazón, de sus recuerdos, pero está registrado en Antología para siempre. De hecho, con él —confiesa— aprendió a amar. Dijo "mentiras piadosas" para irse simplemente a besar con él, lejos de la mirada de su madre, Nidia. Por él esperó una semana que le pareció un año, a que la llamara después de conocerlo y con él inventó un código de miradas, que generalmente los llevaba a una intimidad cándida y cargada de suspiros.

Pero cuando ella empezó a trabajar en *El Oasis*, a estudiar canto con Silvia Moscovich, a ponerse tareas en la agenda hasta con ella misma, ya no tuvo la paciencia que viene regalada cuando el amor está presente. Él la desencantó fatalmente. Llegó a estudiar una carrera y se terminó gastando el dinero de ese semestre. Le sobraba tiempo y a ella le faltaba. Cuando acabaron, Shakira lloró de verlo llorar por ella.

De vez en cuando lejos, de vez en cuando cerca.
Unas veces subir, otras caer.
Unas veces amarte, otras odiarte.

La cercanía inquietante con Juan Sebastián empezó desde que iniciaron un taller de actuación con el debutante elenco de *El Oasis*. Los ejecutivos de Cenpro, la productora del dramatizado, considerando que muchos de los actores no tenían experiencia, antes de empezar a grabar los pusieron a estudiar. El curso era en las instalaciones de la empresa y duró dos semanas. Desde esos primeros encuentros a Shakira le impresionó que el hijo de Gloria Triana, la conocida intelectual, fuese más maduro que los muchachos de su edad. La verdad es que era culto casi por obligación. Su familia —incluyendo a su tío. Jorge Alí Triana— conforman una élite artística en Colombia. Y el chico tenía también esa aureola de alguien que tiene sus demonios y que veía mucho más allá de sus narices.

La verdad es que Shakira hacía rato que había entrado en la onda de los libros espirituales. Más tarde, hombres como Chopra la terminaron desilusionando, pero por aquellos días no dejaba de comprar literatura de superación casi semanalmente. Muchas veces había que obligarla a apagar la luz y a descansar. Uno de sus preferidos era *El profeta*, de Jalil Gibrán. Eso, por supuesto, ayudó a que se volvieran amigos. Tenían gustos en común y ello les permitió que las largas jornadas de grabación en las calurosas poblaciones del Huila, adonde se trasladaban desde Bogotá, cada quince días, no fueran tan tediosas.

Juan Sebastián además tenía una mirada misteriosa, profunda, que llenaba de preguntas a Shakira. Al sentirse otra vez enamorada, utilizó —como nunca lo había hecho— las más recurrentes y diversas estrategias para llamar su atención. Le ayudó mucho las duras jornadas de grabación muy lejanas del mundo, en los parajes desérticos de La Tatacoa, bajo un cielo de postal. Por supuesto, Shakira era tan sutil que quizás él no caía en la cuenta. Porque a ella realmente le gusta ser la seducida y no al revés. Sólo ha podido llevar la batuta del amor en sus canciones, pero por los días de El Oasis, sus redes eran tan delicadas como "telarañas". Vaya uno a saber si sus livianas técnicas impidieron sus verdaderos propósitos con Aragón.

Para ella no fueron unos meses totalmente plácidos porque Juan Sebastián unas veces estaba con ella galante y cercano, y a la vuelta del día se alejaba totalmente. Cuando creía que lo tenía atrapado, después de una charla despierta y cargada de chispa sostenida por horas, en una salita solitaria del Hotel Plaza, de Neiva, él no le daba más allá que un saludo. Lo peor era cuando les tocaba grabar en Bogotá, porque las rutinas de rodar, almorzar y descansar en intimidad se acababan.

Aunque en Bogotá tuvieron citas. Uno de los lugares que frecuentaron era la Casa de la Cultura de México, allí había mucho de los intereses que compartían: libros, exposiciones, comida. La gastronomía mexicana posee la mezcla perfecta para el paladar de Shakira: grasa, sal y picante.

No se sabe si las ausencias de Juan Sebastián eran a propósito. Sin embargo, consiguieron desequilibrarla emocionalmente. Pero, contrario a lo que otras chicas en pleno desamor viven, Shakira se fortalecía. Escribía canciones y leía más libros de Psicología. Sucedía días después de esas lecturas que se decía a sí misma que ya no jugaba más con el actor, pero al volverlo a ver caía otra vez en ese enamoramiento sin futuro.

Con él además le pasaba algo muy curioso: se volvía muy torpe. Tropezaba con todo, inclusive en aquellos almuerzos le salían volando los cubiertos. Un "oso" descomunal ocurrió cuando en un ascensor, estando Juan Sebastián adentro y Shakira subía, se le cerraron las puertas abruptamente. La risita de pena le quedó por horas igual que los cachetes colorados.

Mas lo peor estaba por ocurrirle. Recién llegada a Bogotá, una de las críticas que más le hacían a la ascendente cantante era su *look* en general. Para los estilistas lo peor eran sus cejas superpobladas y negras. Precisamente fue un maquillador de estos quien se las rapó, en el viaje que los llevó a Aruba, lugar elegido para el especial "Los más bellos" para la revista *TV y Novelas*. El trabajo le quedó tan bien hecho que a ella no le volvieron a crecer las cejas como antes. Se le esfumaron. Sin maquillaje se veía algo extraña. Bien, una noche, en su habitación del hotel en Neiva, su acompañante se desmayó de buenas a primeras. Shakira, asustada, gritó a todo pulmón para que vinieran a ayudarla. Ahí se acordó de lo de sus cejas, especialmente cuando vio venir a Juan Sebastián. Entonces gritaba, lloraba, pero eso sí, con las dos manos se tapaba la parte superior de la cara. El momento no pudo ser más penoso para Shakira. Ella, que no traspasaba la puerta de su cuarto hasta estar completamente maquillada. En esa tarea podía durar hasta dos horas seguidas.

Alejarse de él costó más de lo imaginado. Ella, que hubiera dado su vida por que él fuera el protagonista masculino, para darle un besito aunque fuera de mentiras, le faltaba todavía algo peor. Cualquier día después de almorzar, en una locación hermosa cerca de una montañita, ligeramente deprimida por el recuerdo de Juan Sebastián, le pidió a una de sus amigas —allí se hizo muy confidente de la actriz costeña Xilena Aycardi— que la acompañara a caminar porque se ahogaba en el desamor. En esa caminata que era un especie de terapia, Shakira expresó mucho de lo que sentía y sufría. Tardó casi una hora en ésas. Precisamente cuando ya estaban de vuelta, se pillaron que ella no había apagado el micrófono inalámbrico, por lo tanto desde el director, Rodolfo Hoyos, hasta el último técnico de sonido, supo de su pasión desventurada por Aragón. Por suerte, él no estaba ese día allí. Pero se cansó. Las luchas emocionales la desgastaban hasta físicamente, por eso mismo, convencida que nada merece la pena si produce sufrimiento, le aplicó a Juan Sebastián su técnica de curación. Y adiós. Después lo veía pasar como si fuese un personaje irreal y no una persona que le había cortado la respiración por varios meses.

HISTORIAS VERDADERAS

Naren Daryanani era el actor colombiano de moda y catalogado como uno de los más bellos de la televisión nacional cuando Shakira lo conoció. En realidad, él era uno los galanes más apetecidos del momento y ella apenas tenía unos meses de haber entrado a ser parte del mundillo de la farándula criolla. No hay que ser muy agudo para saber que el chico podía gustarle a la recién llegada a Bogotá. Se vieron en Aruba cuando lo de *TV y Novelas* y lo hicieron muchas veces después en distintos eventos. Se hicieron mucho más íntimos gracias a que la revista *Aló* realizó una nota en la que proyectaba, en varios campos, quiénes serían los colombianos del futuro. Los dos fueron elegidos y completaba la terna artística Flora Martínez, quien hoy hace sus pinitos en Hollywood.

El trío se trasladó a una población de la sabana de Bogotá para las fotos. Lo que pintaba ser más un paseo que una jornada aburrida de trabajo terminó mal para Shakira. Los celos le aguaron el día. Flora empezó a coquetear descaradamente con Naren apenas llegaron a la locación. Eso enfureció a la cantante hasta el punto que regresó a Bogotá en su Sprint gris, a más de 100 kilómetros por hora; fue un largo pique de rabia y velocidad. Por parte de ella, claro.

A Naren le gustaba la chiquilla y siempre le dijo cariñosamente "Shakirita", pero muchos detalles lo espantaron de tener una relación más importante con la cantante y actriz. Primero, él no estaba acostumbrado a tener una novia de visita y ceremonia familiar. Tampoco le gustó que un buen día, Nidia le hiciera reclamos porque no consentía a su hijita. Ese día le dieron ganas de salir corriendo del lugar.

Pero no hay duda de que Naren hubiera podido llegar más lejos con Shakira. Por un tiempo, se corrió el rumor de que él había entablado con el actor Orlando Lamboglia una apuesta odiosamente machista. Pero prefirió perder. Tener a su lado una noviecita que representaba para él un compromiso demasiado alto y al que no estaba acostumbrado.

El colmo del desprecio de Naren por la nueva cantante radicó en que la propia Shakira llevó hasta la portería de su edificio el casete con las canciones de *Pies descalzos*, para que las escuchara de manera exclusiva, porque lo tenía entre sus más preciados afectos. Ella esperó ansiosamente a que el actor la llamara para que le dijera cómo le había parecido su primer gran producto musical. Pasó una semana y el hombre no resucitó. A Shakira le tocó ir hasta el barrio Nicolás de Federmán donde se grababa la serie familiar *Padres e hijos*, dramatizado que desde que salió al aire no ha dejado de estar entre los favoritos colombianos. En sus sets han crecido las más importantes figuras masculinas de la televisión, entre ellos, Rafael Novoa, Manolo Cardona y, por supuesto, Naren. Un actor que despreció a Shakira y que hoy ni suena ni truena. Lo esperó cuatro horas para oír lo que jamás imaginó: "Shakirita, está en la portería, no he tenido tiempo para escucharlo". Ella fue y lo recogió. Hasta ahí llegó Naren para ella, un hombre que salió de su vida bien rápido.

"No temo a quedarme sola, porque tengo la certeza de que hay un orden divino y que hay una persona para mí", dijo alguna vez, y ya le llegó.

Si te vas, si te vas, si te marchas, mi cielo se hará gris
si te vas, si te vas, ya no tienes que venir por mí
si te vas, si te vas y me cambias
por esa bruja, pedazo de cuero
no vuelvas nunca más

Gustavo Gordillo, músico del exitoso grupo de rock en español Poligamia, es el primer novio oficial de Shakira. Por ese mismo privilegio, Gustavo oyó de parte de su futuro suegro un discurso amenazante y moralista, al inicio de la relación. Estaba sentado en el centro del sofá, mientras William se sentó en una de las poltronas de la sala. El padre, muy serio, le recordó al joven, en primer lugar, que su hija era virgen. Y remató la charla diciéndole que jamás olvidara que tenía cinco hermanos hombres dispuestos en cualquier momento a defender su honor. Nidia, la esposa, moría de vergüenza. Ella, por su parte, desde el comienzo se sintió muy orgullosa de este noviazgo y por primera vez se mostró en público en pareja. Él era apuesto, rubio, ojos azules y también tenía el cabello largo y ondulado. Además tenía una boca casi dibujada a mano, roja y apetecible.

Era un novio familiar, casero, le gustaba estar en compañía de sus papás, hasta pasaba tardes enteras con ellos sin estar Shakira presente. Siempre estuvo pendiente de ella, porque en esos días empezaba el bombazo de *Pies descalzos*, particularmente le ayudaba en sus primeros conciertos, la aconsejaba en la ropa y estudiaban música juntos. De hecho, a su lado, disfrutaba uno de sus entretenimientos preferidos: pasar una tarde escuchando música.

Las razones de ese amor fueron muchas. Se conocieron en la disquera de los dos, Sony. Él era un chico de buenos modales, serio, educado, de buena familia y con él conoció un poco la noche bohemia de Bogotá, la que no era muy conocida para ella. Era hasta tal punto detallista que cada vez que iba a su encuentro le llevaba un girasol. Le regalaba su tiempo, su amor y chucherías de *hippies*. Los pocos momentos en contravía fueron por culpa de las ausencias de Shakira, quien por esos días ya empezaba a conocer las mieles de la fama.

Gordillo era muy coqueto. Por lo tanto los celos volvieron a despedazarla. Sin embargo, no fue sino hasta que supo de un encontrón de su novio, en el Teatro Nacional, con la famosa cantante y actriz —igual que ella— Carolina Sabino, que el romance se le desmoronó.

Al igual que en las otras ocasiones que se vio enfrentada a la desilusión, Shakira lo echó al olvido. Curiosamente sus novios estuvieron todos en el lanzamiento de su producción, ¿*Dónde están los ladrones?*, menos él que viene.

Si no tiene más que un par de dedos de frente
si descubres que no se lava bien los dientes
si te quita los pocos centavos que tienes
y luego te deja solo tal como quiere

La Virgen María —de quien es devota desde hace muchos años— salvó a Shakira de un amor que para muchos de sus seguidores era casi un defecto. Una mañana se levantó —después de llorarlo por varios días— y con un tono de alivio les dijo a sus padres que el romance que la traía de "pelea con el mundo" por fin se había acabado. Con esa cirugía limpia y segura que llevaba a cabo para extirpar los grandes males del corazón, terminó eliminando al actor puertorriqueño Osvaldo Ríos. Ríos, el *latin lover* por excelencia, había llegado a Colombia a grabar con mucho éxito la telenovela *La viuda de Blanco*. Venía con una reputación de seductor profesional. Su galantería y modos para muchos eran sospechosas, sin embargo, no fue la fama sino los hechos los que acabaron por defraudar a Shakira Isabel Mebarack Ripoll.

Efectivamente, antes de verlo en persona el día que recibió El Prisma de Diamante en el Club El Nogal, por el millón de copias vendidas de su álbum

Pies descalzos, ella les había confesado a muchas personas que ese galán le parecía un "corroncho", una especie de campechano de ciudad. Sin embargo, no sabía entonces que iba a terminar, como otras famosas, enamorada sin remedio.

En realidad, la estrategia de Ríos era convencer a su chica de que eran una especie de privilegiadas almas gemelas que terminaban encontrándose.

No fueron pocos los que escucharon a Shakira decir que tenían demasiadas cosas en común. La verdad es la que aquí les revelaremos. Una de sus famosas conquistas descubrió en su lujoso apartamento, cedido por la empresa RTI que lo trajo al país, que Osvaldo llevaba una ficha técnica de sus seducidas. La carpeta de Shakira era la más completa: flor preferida, escritor favorito, gusto por la comida árabe. Por primera vez ella estaba frente a un enamorado que la podía llevar a los mejores sitios de la ciudad. Sus novios anteriores eran de comidas rápidas, paseos en auto sin ir a ninguna parte, en fin, como los adolescentes que eran, lo que también disfrutaba, porque ella no era precisamente la reina del incómodo protocolo. Pero volvamos a Ríos. La noche de El Nogal irrumpió a la mitad de la ceremonia, vestido todo de negro y una bufanda roja le ponía el color que le hacía falta. Llegó con sus escoltas y su jefe de prensa. Llevaba un detalle en la mano: un girasol. Claro, su preferida.

Sabemos que lo tenía anotado en su especial hoja de vida de la artista.

Nadie duda de que ella lo amó en demasía. Por supuesto, a sus padres no les gustaba ni cinco el actor para su hija. Le llevaba muchos años, era un hombre demasiado vivido y había algo que como padres no les terminaba de convencer, pero tuvieron que aceptar la opción sentimental tomada por su hija.

Después del rápido y lejano saludo con una mano en la noche que relatamos, él se retiró del salón, y Shakira no volvió a saber de Ríos. Igualmente ella no se interesó. Luego vino su encuentro en una disco de Miami. ¿Casualidad? Siete meses después de conocerlo, Shakira rompió con Osvaldo Ríos. Lo hizo cuando todos sabían, hasta en su casa disquera, que Osvaldo no era el novio desinteresado que ella creía. Algunas cuentas en los hoteles donde se hospedaba terminaron por delatarlo. Pero lo hundieron definitivamente sus propias y necias palabras. En unas declaraciones que entregó para la revista *Teleguía*, del

Perú, dijo que en su hogar el que cocinaba era él. Lo que hacía suponer entre líneas que los novios vivían juntos. A sus suegros los calificaba de entrometidos y aprovechados. Cuando la propia Shakira leyó eso, lo lloró por varias horas y después volvió a ser la misma sobreviviente de siempre.

EL HOMBRE IDEAL

Los versos para Antonio de la Rúa aún no los conocemos. Pero él sí que es en verdad el hombre soñado por Shakira. Lo puede mirar a los ojos y confiar. Se siente protegida. Tiene un hombre al frente con quien puede ser totalmente honesta. Con Antonio su muchas veces mencionado cuento de hadas de ser conquistada, ocurrió. Antonio llegó a la puerta de su camerino en el Luna Park, de Buenos Aires. Es guapo, inteligente, amoroso, cercano, amigo, cómplice en su trabajo y no la ha dejado un minuto abandonada por otro interés.

Si seguimos la ruta de los *paparazzi*, desde que le tomaron a él una foto junto a su hermano en uno de los conciertos que ella ofreció en la capital argentina, Antonio no ha dejado realmente sola a Shakira.

Se cree que el abogado y ex asesor de la campaña a la presidencia de Fernando de la Rúa, su padre, se ha convertido en el hombre detrás de las finanzas de la cantante.

En menos de un año, desde que se conocieron, Antonio de la Rúa y Shakira han vivido una historia principesca, pero con varios escándalos de por medio. Muchos argentinos no olvidan la cifra de doce mil dólares que se supone se gastó el enamorado en su primera excursión a Bariloche.

La cantante famosa y el hijo del presidente han paseado por el mundo como sólo lo pueden hacer los miembros de la realeza y el *jet set*. Desde la hermosa Bariloche, donde se descubrieron enamorados, han pasado por los lugares más exóticos y bellos del mundo: Malibú, Nassau, Punta del Este, Los Ángeles, Miami, San Martín de los Andes. Donde todavía no han estado es en Colombia. Se hospedan en hoteles como el Beverly Hills en Los Ángeles, cenan luego en South Beach y por la noche, bailan en Bongo. La mañana siguiente vuelan a las Bahamas, y por la tarde caminan descalzos por la playa.

El hombre, que tiene un físico muy parecido a su amor platónico Lorenzo Lamas, hace sonar despierta a la chica de 29 años que no hace mucho se derretía cuando el músico de su banda, el bello Italo, rozaba su piel, en las noches que ensayaban en un garaje en el barrio La Esmeralda, en Bogotá.

¡No despiertes, Shakira!

2

La
búsqueda
del
reconocimiento

Shakira

No creo en mí todavía
no creo en el azar

Aún no era bastante famosa Shakira cuando en un avión que iba rumbo a La Guajira colombiana, a una presentación en el Reinado del Dividivi, creyó que iba a morir. Eran las cuatro de la tarde cuando una turbulencia atacó con furia el aparato. Quedaron a oscuras. Entre el miedo y el bamboleo del avión, a la cantante en un tono irónico se le oyó decir: "Después de tantos años de lucha, por fin voy a salir en primera página".

Sin duda para lograr el reconocimiento que hoy tiene pasó demasiado tiempo y el rechazo de mucha gente la lastimó hasta las lágrimas.

Para ella, las puertas jamás estuvieron abiertas de par en par. Su consagración fue alcanzada gracias a que sabía tocar esas puertas con humildad y

bajaba la cabeza cuando los rechazos eran tan fre-
cuentes como crueles. Ni una sola vez un periodista
o un ejecutivo la vio llorar. Pero lo hizo. Y más veces
de lo que alguien que la ama se lo puede imaginar.

En ese viaje a Riohacha, al día siguiente de haber
arribado y después del susto, Shakira sintió ganas
de caminar por la playa. Sola. Caminar descalza
para ella es la libertad misma. Seguramente hoy que
lo puede hacer a pocos minutos de su lujoso apartamento en el exclusivo South Beach, debe sentirse
muy cerca al cielo. Esa mañana hacía un sol ame-
nazador de desierto y ella iba con unos pantalones
cortos blancos y una camiseta del mismo tono.
Miraba hacia a la arena y arrastraba sus propios
pasos. Aunque se le veía tranquila no era la imagen
de alguien que tenía la dicha marcada en ninguno
de sus movimientos. Entonces, de la nada, apareció
una india wayúu, más vieja que un cactus y le agarró
la mano como suelen hacerlo las gitanas que andan
regadas por el mundo, se detuvo en su palma y sen-
tenció: "No estés triste, que tú vas a ser grande".

Después del almuerzo decidió ir un rato a bron-
cearse. En realidad se le fue toda la tarde en eso.
Cuando llegó al hotel estaba cansada pero se puso

de acuerdo con su asistente para que la desper-
tara a las seis y trabajar en su peinado y maquillaje. Cerraron cortinas y a dormir. Al despertar, en
Telecaribe, el canal local, anunciaban con bombo la
presentación de la chica costeña que empezaba a
descollar en el *pop* nacional. Faltaban escasos 15
minutos para que saliera al escenario. Ella se demo-
raba entonces en estar lista más de una hora. Por
supuesto, mientras ella se colocaba el secador, las
otras personas le ponían el maquillaje, otra trataba
de entrarle un enterizo de fantasía rojo diseñado
por el ecuatoriano Manuel Wolf, el que tenía muchas
cintillas para apretar hasta en las botas, el tiempo
se esfumó.

Nada se hizo bien porque Shakira no dejó de
lagrimear de la rabia y la desesperación. A las dos
medias veladas que le disimularían un golpe que tenía en la pierna se le fueron los puntos. En el carro,
que la llevaba a mil, decía que no se iba a presentar
en esas condiciones; sin embargo, cuando ya estaba
en el escenario se olvidó de todo y llevó a cabo una de
las mejores presentaciones de su disco *Peligro*.

A su regreso a la capital, Shakira no olvidó lo que
le dijo la vieja indígena en una playa guajira.

LA DESCONOCIDA MÁS FAMOSA

Una vez instalada en Bogotá, Shakira creyó ingenuamente que su carrera se dispararía rápidamente. De hecho, ya tenía grabados dos discos, *Magia*, con el que había sonado en algunas emisoras, y estaba *Peligro*, un producto virgen por el que en últimas decidió dejar Barranquilla. Quería respaldar con su presencia esta producción.

Es imposible conocer cuánto asombro le produjo a la chiquita de 16 años saber que su imagen no estaba posicionada en los medios de comunicación, después de haber grabado dos discos y de haber traído desde Viña del Mar, como ya se dijo, una Antorcha de Plata. Tenía razón de esperar mayor respuesta, porque Viña del Mar es el festival más importante en América Latina. La Quinta Vergara es el peor "monstruo" al que se tienen que enfrentar los artistas de habla hispana. Allí elevan a las nubes carreras o las entierran para siempre. Los reyes de Viña del Mar tienen un nivel muy alto: Juan Gabriel, Miguel Bosé, José Luis Rodríguez. Otros, como los que han fracasado, han desaparecido del mapa musical, entre ellos está el español Miguel Gallardo, quien creyó que con su carita bonita se los iba a echar al bolsillo. Pues nadie se acuerda de él, con excepción de cadenas de radio como Amor Estéreo, cuando lo pasan en sus programas: *Los inolvidables*.

Por lo tanto, su logro de traer un trofeo con la canción de su autoría, *Eres*, siendo una niña, tenía mucho valor. En realidad, pocos colombianos han ganado reconocimiento en Chile. Edna Rocío, cantante y actriz, quien se casó con un agente norteamericano y no volvió a pisar los escenarios, y Carolina Sabino, también actriz y cantante, han sido hasta el momento las que han logrado un buen papel allá. Recientemente, a Yolanda Rayo, intérprete del tema de presentación de la famosa telenovela colombiana, *Yo soy Betty, la fea*, no le fue tan bien como se esperaba.

En fin, el magnetismo que Shakira había logrado entre sus coterráneos en Bogotá no existía. Hubo muchas formas de comprobarlo, comenzando que nadie la reconocía en la calle hasta la displicencia de los medios de comunicación por la artista que comenzaba. La verdad sea dicha, Shakira recibió en sus primeros años de labor en Bogotá un baldado de críticas despiadadas, todas relacionadas con su apariencia personal. Fue un rechazo sistemático y cruel. Ella, con ayuda de los libros de superación, había logrado construir una pared enorme de defensa, pero como sólo admitía entre sus más cercanos: "Entre ladrillo y ladrillo hay huecos y por ahí me alcanzan a lastimar, me debilitan".

Para ella, que ya había probado el gustillo exquisito de la fama, los primeros días en la gran ciudad fueron muy desconsoladores pero vaya que eso no la abatió.

LEJOS DEL MAR

Llegar de Barranquilla a Bogotá no ha sido para nadie un carnaval.

Ni siquiera en el caso de Shakira, quien llegó con un equipaje cargado de ilusiones. Estaba recién hecho su disco *Peligro*, realizado por quienes eran considerados los mejores compositores y músicos del *pop* colombiano. *Peligro* lo trabajó al lado del compositor argentino Eduardo Paz, quien había sido director del Festival de la Canción de Buga, el más importante de Colombia. Igual había logrado una destacada labor como coautor de los extraordinarios temas del también argentino Jerónimo.

Ella llegaba con la convicción de que en su ciudad natal todo estaba hecho, y sabía con certeza que la capital era el lugar ideal para lograr sus propósitos. A pesar de todo eso, irse a vivir para siempre en una ciudad donde además del clima frío los corazones no bailan como en el Caribe, sigue siendo uno de los momentos más lúgubres para cualquier costeño.

La intranquilidad se siembra desde que se empieza empacar. Nadie está seguro de la ropa que se debe llevar, aunque haya recibido asesoría de otras gentes que han estado en la misma situación. Hasta el arribo mismo del avión al aeropuerto El Dorado cuando entra a la sabana es de miedo. Se estremece y se sacude, irremediablemente. Saliendo con el equipaje calentano en la mano se nota que los maleteros están mejor vestidos que unos novios del trópico en el día de su boda.

Sin hablar del recorrido del taxi hasta lo que será el nuevo hogar. Es un viaje largo, helado y el mar se siente cada vez más lejos.

Pero si además vienes del amistoso barrio El Limoncito, donde las puertas jamás se cierran, donde todos prueban entre sí los bocados del almuerzo y puedes escuchar a Héctor Lavoé sonando desde el *picó* de la casa de la esquina, y te toca llegar a una pensión de estudiantes como es el caso de Shakira, no hay que ser adivino.

Hacía apenas unos días atrás que la bachiller Shakira les anunció a sus padres que estaba resuelta a mudarse a Bogotá. Con o sin ellos. Argumentaba que si no llevaba a cabo sus planes su carrera se estancaría.

En la capital estaban los principales medios de comunicación, su casa discográfica, en fin, el mundo en el que ansiaba reinar.

Ellos, quienes desde que nació el 2 de febrero de 1977 se habían convertido en un sagrado coro de todos sus arrebatos, la apoyaron.

Shakira vivía en el futuro. En realidad, ese presente nuevo y por lo tanto incierto no la perturbaba como se podría suponer. Tenía 16 años pero cuando hablaba de su éxito parecía tener todos los años del mundo. De hecho, si los inteligentes ejecutivos que tuvo enfrente en esos primeros años la hubieran escuchado, su triunfo arrollador hubiera comenzado mucho antes. *Magia*, su primer trabajo discográfico, tampoco se hubiera quedado virgen. Pero volvamos a ese agosto de 1993. Recién llegada, a Shakira no le dio por irse a recorrer los centros comerciales ni a ver los lugares turísticos, no. Llegó a trabajar y lo hizo.

Llamó a las personas que consideraba importantes que supieran que se había radicado en la ciudad. A su casa disquera, por supuesto, porque estaba resuelta a promocionar en persona su segundo disco, *Peligro*. También contactó —la visitó inmediatamente se bajó del avión— a la directora de la revista *TV Guía*, Omaira Ríos, quien le acababa de hacer un reportaje con fotografías en Barranquilla, después que Carlos Vanegas, su promotor, insistiera en que no viajase sin conocerla. Ríos quedó impresionada del talento de Shakira y la convenció de contratar un jefe de prensa que le ayudase a mover y consolidar su imagen.

La tarde que contrató a la periodista, Shakira habló sin parar por varias horas. Estaba sentada en el piso y recostada contra la pared de su cuarto. Descalza, a pesar del frío. Muchas veces Nidia la regañó y la pellizcó, como suelen hacerlo las madres costeñas, por esa mala costumbre, especialmente porque su única hija siempre sufrió de las vías respiratorias por culpa de los cambios rápidos de clima.

Ésa era la escena. La cantante en el piso, hablando como una vieja sobre lo que debían lograr en los medios. Segura, demasiado quizás, resuelta, se describió en actividad a sí misma en las siguientes semanas. Desde ese primer día habló de portadas en revistas, apariciones en los mejores programas de entrevistas, visitar todas las emisoras y, por supuesto, de ocupar el primer lugar de preferencia.

Lo lógico hubiera sido anticiparle la verdad: que en una ciudad descreída y arribista como Bogotá, esos pasos iban a tardar mucho; en fin, seguramente no le hubiera importado.

Programó y escribió —en su agenda blanca con margaritas azules— los asuntos a trabajar. Ordenó esa misma sofocante tarde que cada viernes a partir de ese día, tendrían un riguroso comité de evaluación sobre lo logrado y adelantarían lo que se llevaría cabo la siguiente semana. Lo que no dejó de hacer nunca, con ese firme rigor que se imponía a sí misma.

En un momento de esa charla, llegó el decisivo tema del pago. Nidia, quien no se había movido del cuarto, pero que escuchó en silencio a su hija, habló por primera vez. Se acordó, después de un desesperante tire y afloje, que le pagarían cien mil pesos por el trabajo. Con el paso de los años la jefa de prensa comprobó que Shakira no tenía ninguna conexión material con el dinero.

LOS MEDIOS

El convencimiento de Shakira por su talento le ayudó mucho en la primera etapa de su carrera. No está muy claro las razones por las que la artista desde que comenzó sospechaba que los medios de comunicación serían fundamentales en su lucha.

Del mismo modo que se consagraba a enriquecer sus composiciones le ponía atención a los medios masivos de comunicación. Como dato curioso, la jovencita jamás se presentó ante un periodista sin saber el nombre y conocer uno que otro dato que le permitiera un acercamiento más personal.

Después de aquel primer comité entre Shakira, su madre y la recién adquirida jefa de prensa, se empezó lo que sería una de las batallas más duras para Shakira: convencer a los incrédulos periodistas de que ella era la mejor artista que existía en el mercado colombiano.

Ingenuamente, o quizás demasiado segura, Shakira quiso desde el principio que los medios más importantes la entrevistaran. En ese primer listado estaban emisoras como Radioactiva, revistas como *Shock* y *Aló*, diarios como *El Tiempo*, que se convirtieron en una meta descomunal a medida que transcurrían las primeras semanas de trabajo de divulgación. La estrategia a seguir era muy simple: había que consolidar su nuevo trabajo *Peligro* y se debía recordar el trofeo traído desde Viña del Mar. Eso fue un imposible. A nadie le terminó por atraer ni la artista ni sus logros. De acuerdo con lo programado se hizo cumplir la agenda, se llamó a los medios pero la respuesta es que no había noticia detrás de Shakira. Otros más honestos decían que la niña era muy "loba", expresión grosera de la gente del interior poco acostumbrada al brillo y a la riqueza, para descalificar a quienes tienen un gusto distinto al estilo gris de los "cachacos", como se le dice a los habitantes del interior.

A una de las emisoras que por obligación había que llevarla era Radioactiva. La estación, especializada en música joven, con muchas estrellas disjockey, era la más popular. Su director, Alejandro Villalobos, tenía un carisma particular para llegarle a la juventud colombiana. Irreverente, simpático, con una lengua mordaz, estaba posicionado como el principal hombre de la radio por esos días. Shakira lo había conocido en Barranquilla y no le pareció alguien distante, hasta su pinta le cayó bien. Pero cuando se trató de que Villalobos la entrevistara su respuesta fue categórica y un tanto displicente. Shakira no tenía el perfil de la emisora ni su música se ajustaba a lo que se programaba allí. Definitivamente su disco *Peligro* estaba en el género de la balada y en Radioactiva ese tipo de música no sonaba. Shakira no le daba la medida por ningún lado. Su postura autoritaria era muy conocida por los promotores discográficos que trabajaban a los artistas por esos días.

Esa puerta no la pudieron abrir como era el deseo de Shakira. Primero las llamadas eran por lo menos recibidas, pero más tarde Villalobos ni siquiera pasaba al teléfono. Ya él había expresado lo que pensaba de la cantante barranquillera. "No insistan", terminó por concluir. Ante el rechazo del programador que la podía catapultar a la popularidad, Shakira hasta pensó en llamarlo ella misma, lo que no se le permitió porque hubiese sido una humillación muy grande para ella oírlo por la propia persona.

Curiosamente, después del *boom* periodístico del Grammy, el mismo Villalobos salió en los medios de comunicación con un carácter de descubridor de Shakira, y no es cierto. Lo que sí hizo fue hablarle a la que sería más tarde su segunda *manager*, Patricia Téllez, quien desde su cargo como vicepresidenta de Programación de Caracol Televisión estaba a la caza de futuras estrellas musicales —Marcelo Cezán, actor y cantante colombiano, ya estaba firmado— para fundar un club de artistas exclusivos, aunque ése no era el fuerte de esa empresa. Él la llamó desde Radioactiva, delante de Shakira. Le habló maravillas de la cantante. En esa ocasión estuvo amable y muy respetuoso. Por teléfono le pidió a Téllez que la recibiera en Caracol. Ya estaba sonando el primer gran éxito de la intérprete: "¿Dónde estás corazón?" Hasta esa mañana la espera había sido de largos y angustiosos meses para que el número uno de la radio, por fin, la recibiera.

EL DESTINO SE RÍE

La mañana que tanto había imaginado, ella como invitada especial del programa principal de Radioactiva, fue para Shakira terrible. Había llegado sorpresiva-

mente puntual a las seis y treinta de la mañana.
Esperó más de media hora en el primer piso del edificio de Caracol Radio. Y no fue sino hasta las siete
que le permitieron subir.

Mientras esperaba la invitación a estar frente el
micrófono pasó otra hora más. Allí conoció al también actor y cantante costeño Moisés Angulo, quien
estaba estrenando disco en el mercado. Moisés
estuvo cariñoso y le expresó su admiración. Shakira
le agradeció inmensamente el gesto, particularmente porque en esa espera su ánimo no estaba en su
mejor estado. Después de tanta expectativa estaba
allí, pero en la mitad de la entrevista comenzó a ponerse pálida y a desencajarse. Un dolor en el vientre
que le producía escalofríos le empezó a dar en la cabina. Inventó una excusa y salió antes de lo programado. No lo pensó dos veces y con el dolor manejó
hasta la Clínica Reina Sofía, cerca a su casa.

Al llegar al estacionamiento, bien extraño, estaban las dos famosas cantantes femeninas del grupo
Luna Verde: Vicky (hoy presentadora del canal Citytv)
y Carolina Sabino. Ellas la ayudaron hasta que la
subieron a una camilla. Ella creía que era un agudo
ataque de apendicitis. Los médicos, después de va-

rias horas en observación, concluyeron que era sólo estrés. Así era de importante para su carrera estar por primera vez en Radioactiva y frente a la anhelada aprobación de Villalobos, por quien sentía un respeto profesional muy alto. Supo desde siempre que si a él le gustaban sus canciones, su éxito estaba cerca.

La oportunidad de una entrevista con Patricia Téllez se dio a la semana siguiente. El día anterior a ese encuentro Shakira se comió todas las uñas. Tardó cuatro horas en arreglarse. Y su madre, antes de partir, le dio la bendición, tradición que ella no usaba con frecuencia. Le recomendó que tuviera paciencia, que no se desesperara si no la hacían pasar.

Una Shakira extrañamente tímida esperó en la sede de Caracol de la calle 100 para ser atendida cerca de una hora después, aunque había llegado cumplida a las cuatro de la tarde. Cuando fue recibida la ejecutiva no dejó de trabajar en otros asuntos. Formar parte del elenco de la programadora Caracol, la que hoy es uno de los canales privados más importantes de la televisión de Latinoamérica, era una meta crucial para Shakira y para cualquiera que buscara estar entre los primeros. En esa entrevista su carrera estaba en juego.

La oficina de Patricia Téllez estaba llena de casetes y de papeles. Entraba y salía gente. En ese agite le dijo que efectivamente recordaba la recomendación de Villalobos. El encuentro no tardó más de diez minutos. La importante y ocupada ejecutiva le prometió que la llamaría para algunos de los proyectos que su empresa estaba trabajando, le habló de la serie *Las ejecutivas*, la que salió al aire, con rating muy alto, pero sin ella. Como no habló nada concreto Shakira se fue de allí desconsolada. Otra vez se le escapaban los proyectos grandes de las manos.

FRENADA EN SECO

No pasó mucho tiempo desde que llegó a Bogotá para que Shakira comprendiera que su deseo de estar en las portadas y en los programas más vistos iba a ser más duro que lo pensado. Las razones eran muchas y poco a poco las fue comprendiendo. Sus primeras entrevistas en la radio fueron en Todelar y en Radio Santa Fe. Los dos únicos reportajes escritos los lograron, el primero en una revista dirigida a los taxistas, y otra para drogadictos.

En televisión por suerte existía un programa

que dirigía y presentaba Pacheco, el más importante animador de la televisión colombiana, llamado *Exitosos*. Era un concurso de variedades donde las personas con distintas dotes ganaban premios. En Colombia pasar una pena muy grande en público se le llama "hacer el oso", y precisamente era un oso la mascota del programa. La cantante logró una presentación como invitada especial.

Se preparó con esmero para ese primer programa en el que actuaría. Llegó a los estudios de RCN Televisión bien arreglada y maquillada. Se puso un vestido en terciopelo de color vino tinto, el que había traído desde Barranquilla. Su asistente personal, Mónica Ariza, tenía el encargo de repartir afiches entre el público que asistía a la grabación del programa y lograr que gritaran bravos y vivas, cuando apareciera cantando. Pero mientras Mónica hacía su trabajo muchos de los asistentes le preguntaban que quién era esa peladita. Al empezar y terminar Pacheco fue bien amable, gesto que ella agradeció. Más tarde, muy satisfecha, llegó a la casa. Esa noche celebraron comiendo bollo de yuca con suero, que alguien había enviado desde la costa.

LA PORTADA SOÑADA

Como un juego irónico de su lucha en los medios, se leyó en una revista *Shock* del año 2000: "Ningún medio impreso se dio el lujo de tener a Shakira en portada antes que la revista *Shock*. Señores, nosotros fuimos los primeros en ver sus pies descalzos, y ese hit se lo debemos a nuestra entonces directora, hoy editora internacional, Isabella Santo Domingo, que se pilló el talento que tenía la barranquillera y la proyección internacional que se le venía encima". La publicación es una "prima hermana" de Radioactiva. Había nacido después que la cadena juvenil se posesionara en el país. Selectiva, rockera por excelencia, es fresca y muy original en diseño y lenguaje. Está dirigida a un *target* preciso: muchachos gomosos de la moda, particularmente la musical.

Su directora, Isabella Santo Domingo, igual que Shakira, había nacido en Barranquilla, pero en un mundo distinto. Sabía de todo un poco, presentaba magazines de televisión, actuaba, hacía comentarios en la radio, escribía libretos y actuaba. Su arribo de "La Arenosa" a Bogotá no parecía haber sido muy complicado. La belleza también le ayudaba. Pues esa misma chica que después del triunfo de "¿Dónde estás corazón?" le ofreció por fin una portada a la cantante, en muchas ocasiones le había negado hasta unas pequeñas líneas.

Shakira muchas veces había estado en el edificio donde operaba *Shock*, pero en el primer piso. A ella le hicieron fotos en el estudio de esa empresa editorial, gracias a que allí se hacían también las publicaciones *Cromos* y *Vea*. Santo Domingo decía que para *Vea* estaba perfecta pero para *Shock* no. *Vea* por mucho tiempo se ha sostenido en el mercado con una intención periodística muy definida: llegar a los hombres de clase popular. Uno de sus "ganchos" es siempre sacar una mujer en una pose muy sensual y provocativa en la portada. Pero a Shakira no se la ofrecieron. Lo máximo que se logró fue una contraportada.

En una de esas visitas a la lujosa casona de Inversiones Cromos, ubicada en el exclusivo sector de Quinta Camacho, a Shakira se le oyó decir: "¿Cuándo será que me van a entrevistar pero arriba?" Se refería precisamente a estar en las oficinas de *Cromos* y *Shock*, las que por supuesto estaban vetadas para la chica provinciana. Si creemos que a las personas como Shakira la adversidad las hace crecer, este tipo de historias seguramente le ayudaron mucho en sus deseos de ser cada día mejor persona y profesional.

En cuanto a la primera portada en la que apareció Shakira fue en *Tv Guía*, donde era una consentida gracias a que su directora había apostado a que en menos de lo imaginado ella sería inalcanzable. Y en *Shock* es donde más carátulas le han ofrecido a lo largo de su carrera, junto a *TV y Novelas*.

CLIC, CLIC

Shakira no tuvo paz con los medios. Ni con los fotógrafos. Con ellos el entendimiento era nulo. En el gremio se decía que era muy complicada pero todo se debía a que en esos primeros días debía hacerse fotografías con los empleados fijos de los escasos medios impresos que le hacían el juego. La posibilidad de hacerle un estudio sólo para ella, sellando un estilo, no fue posible.

La primera vez que tuvo una sesión fotográfica con uno de los fuertes del mercado fue gracias a Olga San Martín, quien la envió donde Javier

Murillo. Murillo es un auténtico asesor de imagen. Domina todas las facetas de un estilista conocedor. Además es fotógrafo.

En el baño de su salón de belleza en la calle 106, Shakira lloró desconsoladamente. El peinado para las fotos se lo hizo uno de los asistentes de Murillo. Hay que decir que la cantautora leyó más revistas y periódicos esperando a que la gente la atendiera que en la sala de su casa.

Javier terminó de maquillarla pero ella —que se sentía mal por el trato un tanto déspota y por el tipo de expresión que le dejó— terminó tan dolida que se lavó la cara. Las periodistas de la revista tuvieron que intervenir para que la sesión concluyera. En esas fotos Shakira lució un escote profundo y un cuello de tigresa que estaba muy lejos de su carita de niña. Tampoco recordará ese día precisamente como uno de los más felices en su búsqueda del reconocimiento.

Sin embargo, no toda la prensa estaba desinteresada. Algunos periodistas, como Sergio Barbosa, hoy productor general de noticias del espectáculo del canal RCN —dueño del *prime time* en Colombia—, le ayudó desde el principio. Sergio era colaborador de la revista Mía, donde ejercía de fotógrafo, pero no se contentaba con hacerle las fotos sino que le conseguía el vestuario con las mejores diseñadoras del momento. Alexi Castillo en *TV Guía*, quien en la actualidad es directora de *TV y Novelas, Colombia*, y María Mercedes Sánchez, de *TV y Novelas*, le apoyaron muchísimo en el arranque. *TV y Novelas* sigue siendo la única revista especializada en farándula del mercado editorial colombiano.

"PELIGRO" DE OLVIDO

Siempre que Shakira iba a Sony salía triste. El edificio de la Sony, Colombia, está localizado a una cuadra del pujante sector del Parque la 93. En el primer piso está la recepción y una puerta enorme de vidrio que sólo se abre si el funcionario que se busca sale en persona a recibirle. En las paredes cuelgan cuadros de los más vendedores de la compañía: Julio Iglesias, Gloria Estefan, Ana Gabriel y Ricky Martin. Bueno, ésos eran los que Shakira veía mientras esperaba que alguien se dignara a hacerla pasar a otro piso.

Claro que se iba descompuesta, porque cuando no la hacían esperar en distintas salas, sólo la habían llenado de promesas. Dos veces por semana intentaba contactarlos, fuese por teléfono o en persona. La disquera era uno de los frentes de Nidia Ripoll, su madre. Tanto se esforzaba para que no echaran en el olvido a su hija que terminó con fama de "pesada" en esa empresa.

En los días de *Peligro*, la tenaz artista conoció a su disquera más físicamente que su casa. El ojo se le iba por los rincones y paredes mientras aguardaba a ser atendida. Las esperas podían demorar toda una mañana. Álvaro Farfán era el encargado directo del producto de Shakira. Generalmente estaba ocupado cuando ellas se acercaban para chequear y presionar la promoción y la publicidad del disco.

Jamás ocurrió nada. El contrato que había firmado era por tres discos y ya llevaba dos. La gente que trabajaba en Sony, cuando se lanzó *Magia* en el Teatro Amira de la Rosa, de Barranquilla, sí estaba muy entusiasmada con su nueva adquisición. En aquella oportunidad hicieron una velada muy elegante y para muchos fue el mejor lanzamiento que se le había ofrecido a un artista local en toda la historia. Pero como las disqueras son un negocio y la venta de los discos no había alcanzado los presupuestos mínimos, el alboroto de los primeros meses se les fue apagando.

En una de esas estériles reuniones a las que asistieron tantas y tantas veces, un ejecutivo tuvo la genial idea —y así se lo comunicó a la cantante— que como estaban las cosas, por qué mejor no iba pensando en cambiar de género musical. Le informó con mucha sapiencia que la salsa y el merengue tenían más salida que la balada. El hombre sí tenía razón en que esos géneros estaban en un momento muy glorioso. Mientras que la balada estaba muerta. Sus brillantes estrellas como Claudia de Colombia, Vicky o Ximena, no lograron el salto de una generación a otra, y en ese limbo salió ganando la música tropical colombiana, especialmente la vallenata. Surgieron entonces figuras y conjuntos como el Binomio de Oro, Los Zuleta, Carlos Vives o el mismísimo Diomedes Díaz, quien era en Sony "el que pagaba la nómina", como se decía en sus corrillos.

Lo que no sospechaba nuestro hombre es que las nuevas canciones románticas de Shakira estarían arropadas con otros géneros.

Por supuesto, Shakira se "despelucó". Se defendió como siempre lo hacía, con un chorro de sabias palabras. Y lo dejó callado. Ella sabía lo que deseaba con su carrera: estaba dispuesta a ser la primera figura solista del *rock-pop* de Colombia.

Pasó un año largo de "ires y venires" sin ningún resultado, para que le dijeran de frente que *Peligro* era un fracaso. El tamaño del fracaso se puede medir en la siguiente anécdota: *TV y Novelas* editó una publicación especial sólo de Shakira. Para hacer la reseña discográfica de la cantante llamaron a Sony, y ningún departamento pudo encontrar una carátula de ese álbum. Increíble pero fue cierto. Shakira también admitió mucho años después que *Peligro* no funcionó igualmente porque ella estaba madurando cuando lo grabó. Se resolvió entonces dejarlo quieto hasta que apareciera el nuevo disco.

Sin embargo, algo estaba por ocurrir que terminó por redimir a Shakira y salvó a Sony de perder a la artista más internacional de Colombia.

Llamaron a Shakira para anunciarle que iban a incluir uno de sus temas de *Peligro*, en un compilado de éxitos llamado *Llena tu cabeza de rock*. Ella se opuso a esa decisión porque se suponía que era rock lo que los chicos querían oír al comprar ese disco y en *Peligro* sólo existían baladas. Ofreció entonces a

Sony que ella compondría una nueva canción y suplicó que le dieron una semana para llevarla a cabo. Por primera vez salió entusiasmada de allí.

Ese mediodía caía un aguacero infame sobre el norte de Bogotá y cuando llueve los taxis desaparecen como por arte de magia. No le importó mojarse mientras perseguía un carro. El que por fin se detuvo era una chatarra andante que humeaba. Entre las oficinas de Sony ubicadas en la calle 94 y su casa, en la 127, Shakira escribió la canción que la disparó al primer lugar: "¿Dónde estás corazón?", la que durante seis meses ocupó los primeros lugares de las listas y que fue un "palazo" primero en su amada Barranquilla. A raíz de ese fenómeno, Sony editó un sencillo del tema para entregar a la prensa especializada.

Como Shakira no ha tenido logros sin dolor, una de sus grandes frustraciones por esos días, es que en el afiche de promoción del cacareado compilado su foto era tan pequeña que casi no se veía, mientras artistas como José Gaviria, y quien no volvió a tener un éxito como su "Camaleón", se comía toda la página. De hecho, ese disco se vendió por ella. Los de Sony apostaron, otra vez, a la ficha equivocada.

LA MEJOR "COLA" DE LA TELEVISIÓN COLOMBIANA

No había en todo el mundo una artista más segura de querer el éxito que Shakira. No bajó por ningún motivo la guardia en esta dura pelea. Pero las noticias se le agotaban para mantener la atención de los medios. No hay duda de que ella consideraba que las buenas nuevas llegarían gracias a que cada vez era más reconocido su talento, aunque para ello usaba su figura. Las primeras fotos de la jovencita en los medios eran más sensuales de lo normal. Eso buscaban, eso les daba. Mucho más tarde, cuando su talento fue aplaudido, Shakira dejó de posar coquetamente para las lentes. Tal como Shakira había sospechado, sin disco, sin salir la telenovela *El Oasis* al aire, los medios la olvidarían.

Entonces nació una estrategia que la ubicó en la cúspide de la fama pero hoy le avergüenza: *El concurso la mejor "cola" de la televisión colombiana*. La idea nació en la desesperación de no tener qué decir a la prensa.

La propuesta nació en *TV Guía*, empresa que arrancó en seguida a llevarla a cabo. Shakira, que casi nunca consultaba con sus padres las decisiones que tomaba de carácter profesional, esta vez sí lo hizo. Se trataba de un evento que despertaría la atención de los hombres gracias a que es la parte de la mujer que más llama la atención entre ellos.

Ella, por su parte, jamás lo dudó. Lo que sí pidió es que no le obligaran a posar en vestido de baño y así lo aceptó la revista. Dos semanas después Shakira llegó con sus pantalones estilo "chicle" de los más atractivos colores. El fotógrafo Jairo Valencia le tomaba y le tomaba fotos, lo que resultaba extraño cuando todos saben que ese tipo de fotos no es para gastar tantos rollos. Resulta que Omaira Ríos, la directora, le ordenó: "Quémale tres rollos que a Shakira no la tendremos más por aquí". Así fue. Otra de las exigencias de Shakira era más delicada: dijo que participaba en la competencia si le garantizaban que ganaría.

Entonces ocurrió lo inesperado. Shakira, que llevaba meses luchando por salir fácilmente en los medios, comenzó a ser solicitada. Al principio la competencia era abierta, los lectores debían decir quiénes eran dueñas de "una cola" de concurso. El grupo empezó a definirse: Liana Gretel, Angie Cepeda, Xilena Aycardi, Lady Noriega, estaban entre las finalistas.

A Aura Cristina Geithner, quien era la diva del momento, la declararon fuera de concurso.

Durante varios meses la revista sostuvo la expectativa de su atractivo certamen. Shakira, mientas tanto, empezó a salir en noticieros de televisión, los que antes no se habían detenido en su figura. Eran noticias cortas al principio, pero su popularidad fue en ascenso. Hasta tal punto que en muy pocas oportunidades los periodistas le preguntaban por su carrera musical.

Gracias también a ese nuevo fulgor se coló en la edición de "Los más bellos" de *TV y Novelas*. Como se había convertido en una costumbre, Shakira llegaba con mucho esfuerzo y por la fortuna a logros de ese tipo. Ese año los bellos eran: Angie Cepeda (hoy la actriz más internacional de Colombia), Naren Daryanani (un actor que jamás la quiso como Shakira anhelaba), Juan Carlos Vargas (actor protagónico de varias telenovelas), Geraldine Zivic (rubia actriz argentina residenciada en Colombia) y Mauro Urquijo (desde ese entonces uno de sus amigos) y, por supuesto, Shakira.

El entusiasmo de los medios por ella aumentó el deseo por ganar. Sin embargo, casi al final, Lady

Noriega le pisó los talones fuertemente. Llegaban a las instalaciones de *TV Guía* cupones por montones.

Shakira, quien se encontraba en Cali, escuchó la mala noticia de que Lady le podía ganar en la recta final. Por esos días, enfrentaba la barranquillera una de las peores adversidades de su corta carrera. Ella tuvo el privilegio de cantar el tema de presentación de la telenovela *El Oasis*, la que estaba grabando en esos días. Se trataba de un tema de Estéfano, compositor colombiano que empezaba a tener reconocimiento en Miami gracias a sus logros al lado de Gloria y Emilio Estefan.

En la grabación de la canción Shakira ingenuamente acomodó dos o tres palabras. Eso puso colérico al compositor. Lo consideró la peor ofensa, hasta el punto que amenazó con demandarla. El lío se le puso color de hormiga con Estéfano y además fue informada que estaba a punto de perder. Y quién dijo miedo. Hoy, la vergonzante ganadora puso el grito en el cielo.

Una maquinaria demoledora empezó a trabajar por esos cupones.

Antes de terminar el concurso una ola de cartas se recibieron en *TV Guía* que reclamaban por qué

Shakira no salía en vestido de baño como las otras representantes. Igualmente empezó un rumor sobre qué motivos impidieron las fotos más atrevidas de la cantante. Por primera vez Shakira supo que muchos la veían muy gorda, un problema que no estaba en su mente hasta ese momento. Entretanto, otro grupo opinaba que era muy mojigata.

En ese año de 1994, con más fama de la imaginada, una Shakira feliz recibió dos premios en la discoteca de moda, Olimpo —sitio donde se llevó a cabo una de las mejores fiestas que se han realizado en Colombia— que la distinguieron como la "mejor" cola de Colombia y la mejor cantante. Se los entregó el galán de moda, Guy Ecker, el apuesto protagonista de la telenovela *Café con aroma de mujer*.

Un viento de cambios se empezaba a escuchar cada vez que alguien mencionaba la palabra Shakira.

UN "OASIS" DE VIDA

Ansiosa como estaba por triunfar como cantante, poco o nada se esforzó por buscar otras posibilidades profesionales. Aunque más tarde, cuando le resultó el protagónico de una telenovela, Shakira usaba una respuesta ante los periodistas que justificaba su paso por la actuación. Argumentaba que antes vivía en un cuarto, donde sólo habitaba su carrera musical, pero que un buen día descubrió otras puertas y éstas la llevaban a otros lugares desconocidos de esa misma casa: el comedor, la sala, la cocina, etc.

Pues bien, en un rincón de esa casa ubicó su trabajo en *El Oasis*.

Vuelve aparecer Omaira Ríos en la carrera de Shakira. Unas fotos que le hizo frente a viejos portones y coloridas rejas de la arquitectura barranquillera, llamaron la atención de la ejecutiva de Cenpro —otra de las programadoras nacionales—, Juana Uribe.

Uribe, que tiene entre sus cualidades descubrir talentos nuevos, aún lo hace, llamó a *TV Guía* para que le ayudasen a contactar a la jovencita costeña, graciosa y simpática de las fotografías. En la decisión estuvo igualmente involucrado Malcolm Aponte, asesor externo de esa empresa televisiva.

Por supuesto, la idea de un trabajo estable emocionó a Shakira y relajó a sus padres.

En un ejercicio limpio de competencia se ganó el puesto. Firmó como la protagonista pero su contrato no le dio un trato distinto al que recibían sus compañeros de elenco. Nunca fue tratada como una estrella, era otra más del grupo. La producción tenía la rutina de grabar 15 días en Huila y 15 en Bogotá.

Los largos viajes en un bus junto a sus compañeros actores y los técnicos volvían loca de la alegría a la compositora. La sacaban de la dura cotidianidad capitalina.

El Oasis tenía una pareja de novatos en los roles principales: Shakira y Pedro Pendón. Ninguno era un ducho en materia de actuación. La historia tampoco era la octava maravilla. Dos peladitos se amaban pero sus familias no los dejaban ser felices porque se odiaban. Sí, era un Romeo y Julieta pero a la colombiana, en tierra caliente y con unos protagonistas demasiado verdes para la responsabilidad asignada. Por supuesto, después del lanzamiento donde Shakira salió en uno que otro medio, la serie cayó en un fatal letargo y no ocurrió el gran despegue que tanto soñaba, desde su arribo a Bogotá.

Durante la grabación de este dramatizado, Shakira compuso muchos temas de su nuevo disco, *Pies descalzos*.

DE "CASTING" EN "CASTING"

Al incursionar en este otro campo ahora sí se entusiasmó y buscó otras oportunidades para trabajar en la televisión pero la compositora recibió más portazos en la nariz que nunca.

Uno de esos rechazos fue con el entonces publicista y ejecutivo Jorge Enrique Abello, hoy el afortunado galán de la telenovela *Yo soy Betty, la fea*. Abello dirigía una revista de cine en televisión, llamada *Persiana americana*, y quería una nueva presentadora. Angie Cepeda había estado presentándola. Por recomendación de una periodista, el nombre de Shakira estuvo en el escritorio del entonces más funcionario administrativo que actor. Su desdeño fue inmediato. Ella no le daba el perfil para su prestigioso programa. Abello quería una rubia con mucha clase, y después la halló: Ángela Vergara. Hoy, es una actriz con mucho cartel, pero sin ningún éxito satisfactorio en la pantalla chica.

Otro casting desalentador para Shakira fue el que realizó en RCN Televisión para el protagónico de *Momposina*. La historia giraba alrededor de una chica costeña y sería grabada en la colonial población de Mompós. Desde que llegó la cantante se sintió maltratada. La portería de ese canal de televisión tiene fama de ser peor que la de una cárcel de máxima seguridad. Rejas y portones son movidos ante el acomplejado visitante de un modo brutal. Shakira debió estar aguantando frío más de media hora antes de que la hicieran seguir.

Ese día se encontró con Carlos Vives en la recepción. Estaba vestido muy sencillo, como es su costumbre: *jeans*, camiseta y una gorra. En aquella etapa quienes de un modo casual le pronosticaban a la artista que su carrera iba a llegar adonde estaba la de Vives, la llenaban de regocijo.

Por lo tanto, ese encuentro ayudó a que el día no fuese peor. Carlos le dijo unas palabras alentadoras y le subió el ánimo sobre cómo estaba llevando su carrera.

Pero, más tarde, cuando recibió "la panela" escrita por Bernardo Romero Pereiro, libretista y director de la serie, le dieron ganas de salir corriendo y parar en Tunja, a muchos kilómetros de ahí. Tuvo sólo media hora para aprenderse ese larguero de líneas. Por supuesto que le fue como a los perros en misa y le dieron ganas de esconderse por varios días.

En *Momposina* apareció de nuevo en el recorrido artístico y personal de Shakira Carolina Sabino, quien terminó quedándose con el personaje.

Otra artista con la que se terminó reencontrando en otra oportunidad laboral fue con Angie Cepeda. Angie Cepeda es hoy por hoy la actriz colombiana con mayores logros profesionales en el exterior. En Perú no sólo ha conseguido éxitos con telenovelas como *Luz María* sino que ha estado en películas tan importantes como *Pantaleón y las visitadoras*, una obra original de Mario Vargas Llosa. Pues bien, en Caracol Televisión querían llevar a cabo una serie que recreara la vida de una las mejores compositoras de Colombia, la barranquillera Esthercita Forero. Esa batalla la volvió a perder con la Cepeda aunque, para su consuelo, al final la serie jamás se grabó.

EL CAMERINO DEL DESPEGUE

El camerino estaba lejos del escenario. Escondido detrás de una oscura cortina y después de subir varias escaleras. No tenía mas de dos metros cuadrados. Sobre la mesa había tres botellas de agua, una manzana y un racimo de uvas. Mientras caminaba hasta allí pudo reparar en lo que tenían las otras invitadas de esa noche: canastas de frutas, vino, toallas, hasta un equipo de sonido. Pero nada de esos detalles impidieron que Shakira mostrara por primera vez lo que por meses había tratado de decir con palabras.

El Teatro Jorge Eliécer Gaitán, de Bogotá, hervía de gente. Las celebridades más admiradas de la farándula nacional estaban sentadas en las primeras filas y más atrás estaba la gran prensa del espectáculo. La ocasión: otra entrega de los Premios TV y Novelas. Este espectáculo es considerado por muchos como el evento más popular de la farándula nacional. Por lo tanto, estar ahí, especialmente para alguien que desea ser visto, era un momento nada despreciable.

No había sido una convidada deseada. Por dos meses se le argumentó a la entonces directora de la revista, Myriam Amparo Ramírez, las cualidades de la cantante y compositora para estar por Colombia en esa gran noche. La presión ejercida fue tan mayúscula que terminó aceptando su presentación.

A Shakira nadie le dijo lo duro que había sido incluirla en el espectáculo. Le dieron la buena nueva cuando ya estaba aprobada su actuación. Pocas veces se le vio tan feliz. Brincaba y brincaba cual chiquilla. Creyó otra vez que su disquera, por ser un reto tan difícil, le daría apoyo financiero. El presupuesto, otra vez, no alcanzaba para respaldarla.

A pesar de la falta de recursos se negó a cantar con pista. Las otras invitadas internacionales, Alejandra Guzmán y Paulina Rubio, sí lo hicieron. En una estrategia muy inteligente pensó que ésa era una oportunidad irrepetible para mostrar a los medios, de una vez por todas, quién era artísticamente.

En el estrecho camerino esa noche oró al lado de sus padres. Acababa de actuar Paulina Rubio, quien esa noche estaba más dorada que nunca, y luego le tocaba salir al escenario a ella.

Cantó en vivo y mientras lo hacía veía el gesto de aprobación de los presentes. Entre canción y canción, Shakira dijo unas palabras, y por poco le quitan el sonido porque no estaban estipuladas en el libreto.

Más tarde y como en pocas ocasiones acostumbra, se quedó a la recepción ofrecida a los premiados. Se tomó fotos con los periodistas y habló con ellos: estaban complacidos con lo que habían visto.

Esa noche como pocas, después de tanta lucha por demostrar su talento y buscar el reconocimiento, durmió plácidamente.

PIEDRAS HASTA EN EL CIELO

Después del batatazo de la canción "¿Dónde estás corazón?", Shakira tuvo una tregua con su disquera. En la reunión donde se planificó su disco *Pies descalzos*, la sentaron por primera vez presidiendo el comité. La gente de promoción, mercadeo y publicidad estuvo en esa cita. Ejecutivos que antes sólo la saludaban desde lejos, esta vez estuvieron allí.

Estos detalles, y también que se le dio luz verde para viajar a Miami a la producción del disco, la ilusionaron y creyó que con ellos las cosas eran ya a otro precio. Pero cuando el día del gran lanzamiento amaneció deprimida estaba llena de razones para estarlo.

Días antes a Marcelo Cezán se le había hecho un lanzamiento de lujo en el exclusivo club El Nogal. La suntuosidad iba desde las tarjetas de invitación hasta los platos servidos en la cena de gala después de la presentación del artista.

Para ella, en cambio, no hubo lo mismo.

Decidieron hacerlo en el Teatro Nacional La Castellana, lugar que a Shakira le gustó porque los asistentes por obligación la escucharían. Más allá del lugar, a la artista no le ofrecieron nada de lo que esperaba.

Sus anhelos que se venían tejiendo desde que empezó la producción, eran distintos. Las sencillas tarjetas no llegaron con tiempo a los invitados. A la mitad se les invitó por teléfono. Nadie de la disquera la llamó durante todo ese día, pero lo que más le producía tristeza es que a sus invitados no les ofrecerían ni una copa de vino.

Sus músicos tampoco fueron atendidos. Durante el día que estuvieron ensayando la propia Shakira los invitó a almorzar en el salón de té que se encuentra al lado del teatro. El menú consistió en unos pastelillos de jamón y piña. Ella almorzó lo mismo.

A pesar de la escasez y la falta de lujo, Shakira logró que los asistentes al lanzamiento de *Pies descalzos* sintieran un inmenso orgullo patriótico esa noche. Angie Cepeda, que estaba entre los asistentes, gritaba lo orgullosa que se sentía porque era su paisana.

Después de esa actuación Shakira había adquirido otra dimensión. Fue su primera gran noche de triunfo pero durante el día muchas lágrimas había derramado.

La cena de celebración en uno de los restaurantes de moda, incluyó a algunos de sus hermanos, Patricia Téllez, su nueva *manager*, y a sus papás.

"OSO" EN ESTÉREO

Julio Sánchez Cristo, el príncipe de la radio en estéreo, puso en la picota pública a la naciente estrella colombiana. Ocurrió una mañana cuando el conductor estaba todavía en Caracol Radio, una de las cadenas de radio más importante del mundo, con emisoras en Estados Unidos, Ecuador, Chile y Francia. Sánchez, desde que empezó su programa noticioso cargado de música, entrevistas con famosos internacionales, mucho sexo para señoras, no ha dejado de ser escuchado en Colombia.

Con una voz hermosa, criterio y mucha seducción cuando se le antoja, se ha convertido en una especie de encantador de "la opinión" de la clase media del país. Abrir los micrófonos y preguntar a los oyentes

sobre un tema escandaloso —en Estados Unidos ya
había dado resultados— lo posicionó entre los favoritos. Otra de sus fortalezas es que tiene "un palito"
tenaz para descubrir temas y artistas musicales.
Se le conoce ahora gracias a su programa de televisión *América en vivo* de la cadena Telemundo.

Imaginen lo que sentía Shakira al saber que en
el plan de promoción de *Pies descalzos*, estaba in-
cluida una visita a *Viva FM*, el programa de Sánchez
Cristo.

Tenía además un respeto exagerado por el
hombre que la recibió con una acusación de plagio.
Sánchez Cristo la esperó con un tema del grupo The
Pretenders, el que se parecía mucho a la canción que
ya se había tomado la radio: *Estoy aquí*. La entre-
vistó por doce minutos, pero la mayoría del tiempo
se centró en comparar las dos canciones. Cuando
Shakira regresó a la camioneta, le dijo al conductor
que sintonizara a Sánchez Cristo, para ver si ya había parado la persecución. Al contrario, se extendió y
lo hizo por una semana más. Ella quería regresar a la
cabina a defenderse pero los promotores de Sony no
la dejaron. Su disgusto sobre lo ocurrido le demoró
todo el día a la cantante. ¿Lo habrá perdonado? Lo

que sí prometió es que ese hombre algún día rogaría por entrevistarla otra vez.

LOS CONCIERTOS DEL DOLOR

La carrera de Shakira no paró después de que se conoció su disco *Pies descalzos*, pero hay dos conciertos que le provocaron tanta tristeza que pensó retirarse del canto.

El primero ocurrió en Bucaramanga, plaza colombiana a la que muchos artistas le tienen fucú. Dicen que es el público más difícil del país. Hasta allá llegó la exitosa cantautora de *Pies descalzos* a presentar su primer concierto de la gira. Nada podía haberle salido peor. La luz se fue muchas veces, una de ellas a la mitad de su presentación. Salió a cantar con varias horas de retraso. El público era muy infantil y estaba cansado de tanta espera.

Lo único cierto es que no se sabe en qué momento un coro ensordecedor empezó a gritar: "Nos engañó, Shakira nos engañó". Ella no podía creer lo que oía.

Esa noche lloró hasta las cinco de la mañana sin parar.

En el otro concierto, en Barranquilla, perdieron la vida varios fanáticos de Shakira. Las fuerzas de seguridad no pudieron contener el gentío que llegó a ver a la gran estrella costeña, quien regresaba triunfante a su tierra natal. El dolor la consumió pero lo que tanto había perseguido, la fama, el reconocimiento, no le han permitido detenerse.

3

Dinero ¿para qué?

Shakira

La gente que conoció a Shakira después del triunfo de sus discos *Pies descalzos* y *¿Dónde están los ladrones?*, con posesiones en South Beach y Bahamas, ropa de Calvin Klein, la generosa que viaja a Barranquilla sólo a abrir una biblioteca para los presos de la ciudad, esa que recibió millones de dólares por un contrato de Nokia o por el Grammy en Los Ángeles, no creería que fuese la misma que con uno de sus primeros sueldos compró un morral en la exclusiva carrera 15 de Bogotá, y el dependiente le preguntó ingenuamente que si dejaba para echar a la basura el que traía consigo. Le contestó que se olvidara, ella se lo llevaba. Ese día caminó mucho para encontrar un bolso bello y que no le costara más de sesenta mil pesos.

Esa misma chica se vistió con admirable dignidad en el Concurso Nacional de Belleza de Colombia, el certamen social más importante del país, con un pedazo de tela sobrante de un vestido diseñado para una candidata, por uno de los más reconocidos modistos.

El Concurso Nacional de Belleza de Cartagena es el evento de mayor importancia anual en Colombia. Por dos semanas "La Heroica" se paraliza. Los medios de comunicación, dos meses antes de su realización, se centran en mostrar las candidatas en todas las formas posibles. Revistas semanales como *Cromos*, financieramente viven de este certamen. Por supuesto, las transmisiones por televisión de los bailes y desfiles de las aspirantes al título, tienen los más altos *ratings* del año. Entonces, imaginen lo expuesta que estuvo Shakira con esa prenda conseguida en esa triste circunstancia, al lucirla en el exclusivo Club Unión de Cartagena, en ese noviembre de 1993.

La millonaria estrella del *pop*, en su primera gran actuación ante los medios de comunicación, se presentó con un par de vestidos confeccionados por dos estudiantes de la Escuela de Diseño Arturo Tejada, que era el requisito mínimo para graduarlas.

EL ARRIBO

Esa chica llegó a Bogotá con su madre, en el año 1993, con dos maletas y una grabadora como único patrimonio.

Las dos llegaron a una pensión por recomendación. Se instalaron en la pieza más pequeña de la enorme casona de tres pisos. Era un cuarto sin vista. Tenía dos camas y un escaparate grande que tenía un espejo de medio cuerpo en la mitad. La grabadora que la sardina había traído era el único elemento de lujo del lugar.

Muchos de los temas musicales de Shakira que ya son reconocidos en todo el mundo fueron trabajados en una de esas camas, que a la compositora le servía de escritorio. Se sentaba en el piso y escribía sobre las cobijas de lana.

Si bien en esos primeros días madre e hija estaban lejos del hogar, viviendo en un sencillo cuarto y probando comidas insípidas, la situación para Shakira era a otro precio. Ella sabía que eso no duraría mucho tiempo. Decía a menudo: "Tranquilos, las cosas van a mejorar".

LA RESIDENCIA ESTUDIANTIL

Las nuevas pensionadas no se dejaban sentir en la residencia estudiantil. Se acomodaron a su precaria situación de modo admirable. Se levantaban temprano para que no les tocara un baño con agua fría. Igual estaban prestas a desayunar en horas inverosímiles con huevos y pan, cuando aún estaba oscuro. A lo que no se acostumbraron fue a la comida típica del altiplano. Shakira no volvió a ver en el plato la mojarra frita bañada en jugo de limón y saladita, uno de esos platillos favoritos. Comerla con las manos todavía es hoy uno de sus pecados veniales. Por un tiempo sufrieron con la comida hasta que la dueña de la pensión —en un gesto que le agradecieron sobremanera— se trajo una cocinera "importada" con sazón caribe. Cocinaba con mucha pimienta de olor, dientes de ajo, ají dulce. Ella le alegró el paladar a Shakira al prepararle arroz con fideos.

Para quien venía de hacer las cosas cuando le viniera en gana —entre sus rutinas estaba levantarse tarde o no bañarse los domingos—, las rígidas reglas de la pensión le resultaron muy duras. Se comía en la cocina y se hacía por turnos. No daban

llaves, por lo tanto había que llegar temprano o po-
días quedarte por fuera.

No era una pensión cualquiera, era una pensión
de mujeres costeñas. El alboroto, la bulla y la música
vallenata eran el pan de cada día. Por supuesto, los
primeros días ambas se encerraban en su habitación
y tenían poco contacto con las otras pensionadas.
Shakira iba a la sala de visitas para leer y para salir
de las cuatro paredes en las que estaba enmarcada
su vida. De vez en cuando allí también recibía las
visitas familiares. Con el paso de las semanas fueron menos tímidas y tuvieron más confianza con su
"nueva familia". Más tarde la jovencita compositora
necesitó más privacidad para componer y se iba
hasta un parque cercano a escribir y a leer.

"PLANOS" DE PRENSA

Como el primer objetivo de Shakira era llegar a los medios, en eso centró su atención. Como llevar a los periodistas a la pensión resultaba incómodo para todos,
tuvo Shakira que ir hacia ellos. Eso implicaba un gasto
que más tarde se convirtió en una carga muy seria.
Entonces Nidia, siempre con un sentido muy práctico

de ama de casa, decidió que los medios se visitarían no obedeciendo a un plan de prensa sino a "planos" que diseñaban estratégicamente para poder visitar varios medios en un mismo recorrido. Un ejemplo: visitar *El Tiempo*, *El Espacio* y *El Espectador*, un día.

Una visita a un medio se podía convertir simplemente en un despilfarro. No fueron pocas las ocasiones —como ocurrió con la *revista Fama*— a la que llegó cumplida, dio sus declaraciones y la nota jamás salió.

O cuando llegaron a *El Nuevo Siglo* y la periodista no apareció. También le pasaba que el periodista estaba ocupado y le pedía que regresara después del almuerzo, entonces se veía abocada a entrar a una cafetería o restaurante de comida corriente, esos en donde colocan unas pocas mesas, una nevera y mostrador y ya creen tener un negocio. Las horas transcurrían, mientras ella se comía todo el ají de cilantro, picante y cebolla a su disposición, con un par de empanadas. Esto ocurría muy a menudo, terminar en restaurantes llamados "corrientazos", porque el almuerzo era barato.

Los taxis se convirtieron, entonces, en su medio usual de transporte. Cuando había dinero se pedían por teléfono; cuando estaba escaso, los tomaban en

la calle. Para no ser vista llegando en taxi a los eventos muy importantes, se bajaba una cuadra antes.

Mas fue en un taxi donde le pidieron por primera
vez un autógrafo. Iba rumbo a una entrevista con
Margoth Ricci, periodista que por años cubrió el mundo del espectáculo y después fue nombrada Decana
de la Facultad de Periodismo de la Universidad Jorge
Tadeo Lozano. Shakira iba muy asustada porque
Ricci siempre tuvo fama de ser una fruta dura de
pelar. En realidad, sus columnas en el vespertino *El
Espacio* eran demoledoras, al igual que su columna
en la *Revista del Jueves de El Espectador*.

La cantante iba muy tensa, por eso cuando el
taxista que la llevaba a la torre de RCN Radio, en la
calle 57, le pidió un autógrafo, se emocionó y alegró
muchísimo. También se sintió muy orgullosa porque
era la primera firma que le solicitaban en Bogotá.
Ella estuvo tan feliz como el día que, manejando por
la 72 en Barranquilla, en el carro azul eléctrico de
su papá, oyó que le pitaban demasiado. Dispuesta
a pelear con el hombre de la bulla, vio que era el
Bombardero, Iván Rene Valenciano, el futbolista mejor pagado en Colombia en ese momento. Valenciano
sólo quería un autógrafo de ella. Todavía hoy se emo-

ciona cuando nuevos públicos recién conquistados le piden un recuerdo.

VESTIDOS DE SEDA *VS*. TALENTO

Shakira tardó poco tiempo para caer en la cuenta de que su apariencia era más tenida en cuenta que su talento. Pese a ello, por un tiempo se resistió a cambiarla.

Hoy no dudaría en aceptar que su éxito en Bogotá se retardó porque muchos consideraban que quien se vestía como ella no podría ser una cantante y compositora talentosa. Más tarde les demostró que el genio creativo está por encima del bien y del mal, en asuntos de la moda. Era evidente que hubo resistencia para aceptarla tal y como era su esencia. Shakira no se podía vestir de otra manera porque ella llegaba de una ciudad tropical por excelencia y además le gustaba lo que se ponía, sin embargo, los que dudaban de su gusto para la moda terminaron influenciando a la chica barranquillera, pero no tanto como lo desearon.

Las sesiones fotográficas obligaban a que la artista del disco *Peligro* y protagonista de *El Oasis* estuviera bien arreglada, pero no había dinero.

Aunque la costumbre desde ese entonces era lucir ropa a cambio de créditos, hubo empresas que ni eso hicieron por ella. Para una producción fotográfica empresas como Addax prestaron zapatos para las actrices Aura Cristina Geithner o Danna García, y se los negaron a Ana Victoria Deliran y a Shakira. Entonces ella no lo supo, era una chiquilla y ninguna de las personas que estaban cerca de ella querían herirla.

Otra tienda que consideró que la cantante no se ajustaba a su línea fue Biseberza. Su fama de "loba" se había extendido como pólvora. Hoy, muchos diseñadores la visten, inclusive la que para muchos es la mejor de Colombia: Silvia Tcherassi.

"LAS RIVALES"

En una fiesta ofrecida por un perfume estaban presentes dos actrices bellas y muy bien arregladas. Una de ellas era Margarita Rosa de Francisco, quien llevaba con sobrada elegancia un vestido largo, negro y como único adorno se había cruzado un bolsito en el pecho. La otra era Kika Child, quien estaba regia con un pantalón negro, una blusa del mismo tono pero tejida; complementaba su elegancia un abrigo de piel. La odiosa comparación respecto a su vestuario le llegó de tajo. Cayó en la cuenta de que, para no volver a ser rechazada y al revés, ser aceptada, debía cambiar su vestuario.

Volviendo a lo duro que fue para la estrella esa parte de su lucha integral por ser la número uno, hay que abonarle dos recursos que empleó y que hoy tienen mucho valor.

Para asistir al Desfile en Traje de Fantasía de las candidatas ante el Concurso Nacional de Belleza en Cartagena, donde se presentó como artista invitada, Hernán Zajar —uno de los más importantes del país— le confeccionó en su taller un hermoso vestido con una tela sobrante de otro diseño. Era verde, corto y de tiras. Era ceñido en la parte de arriba y suelto hacia abajo. Ya actuando le resultó un tanto incómodo porque las tirillas se le caían y llegaban hasta su brazo. El espectáculo para ese programa de televisión que se transmite en vivo, lo ensayó en su totalidad en la sala de una amiga. Debía contenerse para no romper con una de sus piruetas algún adorno.

La otra oportunidad en la que recurrió a la malicia indígena fue con los dos vestidos que llevó a la velada de corbata negra de los Premios TV y Novelas.

Ante la imposibilidad de comprar dos prendas para esa noche, se fue a la Escuela de Diseño Arturo Tejada, y propuso a dos graduandas que en vez de diseñar para una persona común y corriente, lo hicieran pensando en ella. En contraprestación desfilaría ante los profesores y los compañeros el día del examen final.

No fueron pocas las veces que tuvo que ir hasta donde las muchachas a hacerse pruebas de vestuario. Ocasiones en las que aprovechaba para darles desinteresados consejos. En estas visitas siempre se le vio satisfecha y hasta contenta.

Shakira efectivamente, un día antes de su actuación en los *TV y Novelas*, desfiló con profesionalismo los dos vestidos mientras las orgullosas estudiantes explicaban en qué consistían sus creaciones. El montaje para la ocasión era muy en serio. Había una pasarela larga y blanca y mucho público.

Shakira desfiló como cualquier modelo. De hecho, a ella le hubiese gustado mucho más ser modelo que cantante; bueno, eso era lo que deseaba cuando estaba más pequeña. Más grande comprobó que no era lo suficientemente alta ni lo suficientemente delgada para lograrlo. Ella después, como gesto de agradecimiento, las invitó a la ceremonia para que la vieran cantando y, por supuesto, para que apreciaran su obra en escena. Tiempo después las llevó a su apartamento, simplemente a escuchar música, una de sus entretenciones.

Pero donde demostró lo poco que le importaba su exterior y las exigencias de la moda, fue cuando dio su primer concierto de *Pies descalzos* en Bucaramanga. Minutos antes de salir al escenario se le fue un hilo a la blusa que luciría esa noche. No lo pensó dos veces. Tomó unas tijeras y la mochó totalmente. Así de descomplicada es Shakira.

MANOS DE TIJERAS

Los peores días para Shakira eran los lluviosos. Y es que no existe un enemigo más terrible para el cabello que unas gotas frías caídas del cielo. Especialmente cuando se lo lleva liso, muy liso, como era el preferido de nuestra cantante. Cualquier gota era una amenaza para Shakira porque no sólo perdía tiempo, sino dinero.

No había pasado mucho tiempo en la ciudad cuando se mandó hacer el "blower" —alisar con cepillos— en un salón cerca de su casa. La cifra que le cobraron la espantó. Ese gasto sólo la podía hacer una vez a la semana, según las órdenes de su regente financiero, su propia madre. Por eso, siempre que salía en las noches o medio caía esa llovizna latosa sobre Bogotá, se le podía ver con cualquier trapo sobre la cabeza.

Buscando más economía por muchos años Shakira sostuvo una relación muy cercana con los profesionales y la dueña de un salón de belleza unisex, ubicado en el tradicional barrio Teusaquillo. Como dato que la describe perfectamente, ellos fueron invitados al Centro de Diseño Portobello, en el Parque de la 93, cuando se estrenó *¿Dónde están los ladrones?*, en Bogotá.

Jorge y Alberto, quienes eran la pareja del pequeño salón de barrio, por mucho tiempo la peinaron. Cuando las cosas mejoraron económicamente, ellos acudían en taxi hasta su nueva residencia para arreglarla.

Pero la muerte los separó. A Alberto hubo que enterrarlo en esa maldita racha en la que murieron muchos peluqueros en Colombia. Dijeron que había fallecido de neumonía, sin embargo, eso no impidió que Shakira estuviera en la sala de velación, en el distante barrio Venecia, al sur de Bogotá.

La verdad sea dicha, a ella le fue siempre mal con los llamados ahora asesores de imagen. Con todos probó fortuna y con ninguno se entendió. Ella no acudía a ellos por su gusto, eran las revistas las que la enviaban adonde ellos para las producciones fotográficas.

Desde su primera experiencia se resistió a sus dominios y a sus tarifas.

Sin embargo, un buen día le llegó el adecuado a su vida. Grababan en un hotel de Girardot el programa musical *El show de las estrellas*. Le asignaron a un chico para que la maquillase y peinase. Al principio no quiso hacerlo pero cuando estuvo frente a él, se llevaron de maravillas. Y si bien Shakira terminó asistiendo a la prestigiosa peluquería de Germán Palomino —hoy con sede en Miami— fue porque allá trabajaba Marcos Peña, su favorito.

Hoy, Marquitos, como le dice cariñosamente, pertenece al *staff* personal de la famosa cantante mundial.

UNA VIDA A PLAZOS

Firmar contrato con Cenpro fue un auténtico "oasis" financiero para Shakira. Empezó a recibir dos millones de pesos mensuales. También era un alivio que durante 15 días, mientras estaba grabando en Neiva, no tenía que pagar por su comida ni por su transporte, hasta era posible lavar la ropa en el Hotel Plaza, donde se hospedaba el elenco.

Igualmente permitió que se pudiera ahorrar un dinero para hacer su primera gran compra: un Sprint gris. La cuota inicial la sacó de sus ahorros y la completó un tío suyo que ahora vive en Miami. Era un carro usado pero igualmente estaba en buenas condiciones. Antes de comprarlo tuvo que tomar un curso de manejo en la Academia Fittipaldi, porque aunque manejaba en Barranquilla, lo hacía en el automóvil del papá que era automático, un clásico Oldsmobile. El instructor debe sentirse muy orgulloso de sus enseñanzas, así como lo estaría si aún estuviera vivo su primo, Hendrik Ripoll, porque es una auténtica piloto de carreras. Una vez de su apartamento al aeropuerto El Dorado, en Bogotá, en plena hora pico, se tardó escasos 17 minutos.

Quizás por eso mismo, su mamá jamás se montó adelante mientras estaba al volante. No habían transcurrido ni dos semanas de haber sacado el Sprint de la agencia de vehículos, cuando en una esquina del barrio Nicolás de Federmán, donde están aún hoy las emisoras de la cadena W, lo estrelló. Ocurrió mientras buscaba la dirección de la emisora en la que sería entrevistada por el locutor deportivo y dueño de la emisora Willian Vinasco. Ya iban siendo las seis de la tarde, anochecía, cuando un chico sin licencia de conducción, echando reversa, acabó con la puerta del acompañante y la posesión más querida por esos días de la cantante: su Sprint, igualito al que tenía su amiga Iris Oyola. Por supuesto que en la entrevista del programa "Sintonía de locura" no estuvo atenta. Más tarde, por ese motivo, Nidia la pellizcó como solía hacerlo cuando la regañaba.

Así como compró su primer carro a plazos, también compró en el almacén de instrumentos musicales Ortizo con este sistema: su primera guitarra, un órgano y una armónica. Curioso, porque no sabía tocar ninguno de estos instrumentos. Más adelante, y como ocurría con certeza cada vez que se proponía algo, los terminó conociendo. Quería que cuando su público la volviera a ver, después de *Magia y Peligro*, la viera tocando varios instrumentos. Estaba convencida de que eso le daba más presencia escénica y credibilidad ante sus seguidores. Lo que se negó a pagar a plazos, a pesar de la escasez, fueron sus clases de inglés, solfeo, guitarra y canto.

Lo que cambió con la llegada de ingresos fue la periodicidad de las mismas: pasaron de una a muchas a la semana.

Su grado de concentración y de compromiso frente al aprendizaje la hacía olvidar de cosas tan elementales como almorzar, cenar y hasta dormir. Tenía que llamarla su padre desde Barranquilla para que lo hiciera.

Pero hubo un sueño que ni siquiera a plazos pudo cancelar: estudiar Literatura o Psicología en una universidad como la Javeriana de Bogotá. Primero porque no había plata, y luego, porque no volvió a tener tiempo. Shakira envidiaba a las chicas que con jeans y morral al hombro se tiraban en los escalones y prados de ese tipo de universidades. Las envidiaba aún más porque eran libres, frescas, podían decir lo que se les antojara y porque no tenían que maquillarse, que era su peor sacrificio.

UN RINCÓN PRIVADO

Ese primer diciembre lejos de Barranquilla, viviendo en una pensión estudiantil, para nadie era sinónimo de triunfo. Por esos días una revista propuso hacerle unas fotos a Shakira en un rincón de su hogar, con un sabor navideño. Lógicamente no se pudo hacer. Por otro lado, alguien tuvo la idea de hacerle unas fotos en el baño, uno de los lugares que prefería para componer. Se hizo pero lo consiguieron como se hace con las locaciones para televisión o cine: prestado.

Se fue creando la necesidad urgente de pasarse a un apartamento. En enero de 1994, a su regreso de sus vacaciones en Barranquilla, adquirió lo que en ese momento tenía vetado: privacidad.

Especialmente un estudio. El lugar que una compositora como ella requería. Un espacio para crear, escuchar música, leer, y hasta darse besos con su novio. Tenía un hogar.

SIN BILLETES EN LA CARTERA

Ni cuando era una cantante en búsqueda de la fama en Colombia, ni hoy caminando por el mundo, ni mañana cuando sea una mujer dedicada a una obra universal de caridad —como se lo pronosticó la parasicóloga Mara Echeverri— habrá dinero en su cartera. No sabe lo que es una billetera. Antes sólo cargaba una estampita del Sagrado Corazón que estaba forrada en plástico y allí la mamá le ponía un billetico de cinco mil pesos.

Cuando se antojaba por unos aretes artesanales en el Mercado de las Pulgas, hace mucho, no los podía comprar inmediatamente porque simplemente llevaba lo justo. Años después, en plena gira de promoción nacional de *Pies descalzos*, entre Pereira y Manizales, pegó un grito e hizo detener la van. Había un señor que vendía objetos viejos —no antiguos— que ella creyó de mucho valor y se la pasó una tarde comprando. En esa etapa estaba en la búsqueda de objetos para decorar su primer apartamento en Barranquilla, construido fielmente a la medida de sus deseos. Llegó la hora de cancelar y, como siempre, no tenía un peso. Le tocó pagar por ese arrume de cachivaches, entre los que había planchas y barriles de leche, a su promotor en Sony, Alberto Vásquez.

Cuando llegó a la casa con su "maravillosa" compra, la mamá no le permitió siquiera que la sacara de las cajas.

Otro día manejando su Sprint, en plena carrera 30 de Bogotá, a sólo tres cuadras de la bomba Mobil de esa misma vía, a la altura de la calle 80, se quedó varada sin combustible. Cuando le fue a pagar al empleado de la estación de gasolina que la salvó, otra vez, no tenía dinero. El señor le fió hasta el día siguiente los dos galones de gasolina.

Ésa también es Shakira.

4

"Pobre de Dios que no sale en revistas"

Shakira

Siento que no tengo fuerzas ya
para saltar y agarrar el sol
y por más que yo lo intento
no escucho ni mi propia voz

Abrir la Sagrada Biblia en cualquier página cuando está en caos. Rezar el rosario cada noche. Visitar la iglesia más cercana al hotel de cada ciudad adonde llega. Pelear de tú a tú con Dios y escuchar en silencio sus susurros. Repetir el Salmo 91 cada vez que lo necesita y jamás dudar de su Divinidad, es lo que ha hecho Shakira en todos estos años.

Una noche, en una reunión social cuando apenas tenía 16 años, uno de los presentes soltó una diatriba pesada, irrespetuosa y atea contra Dios. La chiquilla, sin aspavientos, sin juzgarlo, le soltó esta frase: "Tiene más derecho una hormiga a criticar a Einstein que el hombre, en su limitada inteligencia, a poner en duda la infinita sabiduría de Dios". Ella tenía conciencia de esta verdad.

Cuando se siente sola, vacía y que nada le llena, cae en la cuenta que ha perdido el norte, que su radar anda chueco, que se ha olvidado por esos días del único centro de la existencia: Dios. Entonces regresa a Él para estar en gozo. Muchos que han estado cerca de la cantante, cuando se les pregunta qué vieron en sus ojos, dicen en su mayoría: paz. Es una bendición que siempre ha tenido.

Ha dudado de la riqueza material en los papados, ha dudado si existen el cielo o el infierno, pero jamás ha dudado de Dios.

UNA ORIGINAL TRINIDAD

Pocas veces lo confiesa pero a Shakira le hubiera fascinado vivir en los mismos años que Jesús, "mi poeta favorito", como suele decirle.

Le hubiese gustado verlo convenciendo a miles y miles de incrédulos, de pueblo en pueblo, usando sólo el poder de la palabra. Cree que le hubiera encantado lavarle los pies. Eso sí, no habría tenido consuelo si lo hubiese visto morir en la cruz.

La relación de Shakira con Jesús es distinta a la de todo el mundo. Ella tiene dos seres espirituales con los que ha entablado una larga comunicación desde hace muchos años.

Con Dios, el Creador, se entiende en los asuntos existenciales de gran envergadura. En cambio, con Jesús, su hijo, que estuvo entre nosotros, conversa sobre asuntos más terrenales, los que por lógica conoce mucho más que su Santo Padre.

Entonces las conversaciones que sostiene más a menudo de lo que muchos creen, tienen distintos destinatarios, pero eso sí, jamás los ha dejado de escuchar, quizás allí ha radicado el gran secreto de su íntima relación con Dios.

LA VIRGEN CERCA

Casualmente cuando ojeaba revistas —lo hacía descaradamente para no comprarlas— en un supermercado de Bogotá, leyó que Naren Daryanani había recibido mensajes de la milagrosa Virgen de Lourdes.

Le entró un desespero inusitado desde ese instante. Hasta cuando obtuvo el teléfono de Carolina Ñame, la afortunada muchacha que desde muy niña se le apareció la Virgen, por fin estuvo tranquila.

Carolina Ñame era una estudiante universitaria común y corriente por esa época, con la diferencia que cuando se trataba de dar a conocer sus poderes espirituales, era un ser iluminado. Antes de que la Virgen se manifestara en una pared de su casa, sus padres creyeron que no estaba cuerda.

Conocerla le produjo a Shakira nuevas alegrías. En ese primer encuentro hasta concluyeron que eran primas lejanas. Ella que siempre había rezado el rosario con Nidia, se volvió aún más ferviente. Empezó a asistir, al igual que mucha gente, todos los jueves a la casa de Carolina, en el barrio Galerías, donde se rezaba el rosario y se llevaban jornadas marianas.

La devoción por la Virgen de Lourdes creció en Colombia de una manera sorprendente de unos años para acá. Es tanto el fervor que existe que en varias oportunidades han traído su figura a nuestro dolido país. Shakira no es la única que es mariana ciento por ciento. Otras estrellas de la televisión, como la veterana actriz Margalida Castro, han experimentado hasta el hermoso episodio de la lluvia de escarchas en sus casas. Castro además ha escrito libros con mucho éxito en el mercado editorial, en donde relata los muchos milagros que ha presenciado por obra y gracia de la Madre de Jesús.

Estas congregaciones no religiosas están regadas por toda Colombia. Uno de sus más apasionados defensores es el ex parlamentario conservador Pablo Victoria y quien al igual que Margalida Castro se ha dedicado a divulgar sus conocimientos a través de los medios de comunicación y por medio de libros.

Por eso mismo, no es extraño que una persona tan creyente como Shakira esté tan entregada a estas manifestaciones espirituales.

Ella, al igual que miles de creyentes, asiste los 13 de mayo a la casa de Carolina Ñame, porque ese día en particular a ella se le aparece la Virgen. La romería rodea la casa dos cuadras a la redonda.

Ese día tan especial, la cantante está con Carolina desde las seis de la mañana. Para esas jornadas tanto Shakira como su mamá se preparan con varios días de anticipación. Lo que incluye rezar más rosarios de los acostumbrados y hacer sacrificios personales.

Con su novio Antonio de la Rúa en la entrega de los Premios Grammy.

En las grabaciones de
la telenovela *El Oasis*,
en el departamento
de Huila, Colombia.

Una imagen extraña:
Shakira fumando.
Ya no lo hace, al igual que
no toma traguitos de
aguardiente,
como lo hacía antes.

Se ha destacado por sus constantes cambios de look. En la fotografía
apreciamos uno de ellos.

Una incrédula Shakira, mirando sorprendida una grabadora ante su primera rueda de prensa en las instalaciones de Sony. La acompaña María Sánchez A.

Con esos kilitos de más y con muchos anillos de plata en sus manos, vemos a Shakira feliz en plena gira promocional de Pies descalzos.

La hermosa Shakira posando durante un breve descanso
en la ceremonia de los Premios Grammy Latinos.

Junto al niño Ángel, quien falleció con una foto suya en el pecho.

Con Emilio Estefan, antiguo productor discográfico.

Con los niños enfermos de cáncer de la Fundación Darma.
Muchos de ellos han fallecido y ella no lo sabe.

Con varios periodistas en la recepción social después de cantar
con éxito en los premios TV y Novelas. Luce el vestido confeccionado
por los estudiantes de la Escuela Arturo Tejada.

Shakira en Los Ángeles.

LA VOZ

Ocurrió lo que Shakira ansiosa esperaba: que la Virgen de Lourdes le hablara. El grupo en esa inolvidable ocasión no pasaba de ochenta personas. Estaban todos apretujados en la espaciosa sala de Carolina Ñame. Como siempre que la Virgen habla, lo hace a través de la propia Carolina. Tiene una voz dulce, susurrante y tiene acento español. El mensaje para Shakira fue claro: debía darle paz y amor a la juventud y ella debía ser más paciente.

Mucho después de esa experiencia maravillosa, Shakira ha oído casetes grabados de la voz de la Virgen de Lourdes, y es igualita a la que ella escuchó en la casa de Carolina Ñame. Cada vez que viene a Colombia, Shakira se va a rezar tres a cuatro horas el rosario con Nidia, a ese mismo santificado lugar.

UN SUSURRO LA SALVA

Pero su relación con la Virgen no terminó allí. Precisamente cuando Shakira tenía esa "traga" maluca por Osvaldo Ríos, la Virgen de Lourdes la ayudó a salir de ese amor condenado.

A sabiendas de los rumores que le llegaban sobre el actor, y que su amor por ella no era tan claro, Shakira siguió con Ríos. Él estuvo con ella en una de las más importantes giras que ha realizado por ningún otro país, la de Brasil. La siguió a la entrega de los Premios Lo Nuestro de la cadena Univisión, en Miami. Igualmente la acompañó a España.

Osvaldo Ríos mientras estaba en Bogotá no le guardó fidelidad y eso terminó llegando a sus oídos, pero fue sino hasta septiembre del 1997 que Shakira le terminó.

La Virgen, mientras ella le pedía ayuda en una de esas noches de espantoso sufrimiento por él, le susurró al oído que lo dejara. No la defraudó, porque esa mañana les dijo a sus padres que todo había acabado.

TEMBLOR EN LOS PIES

El don que tenía Jesús de convencer y movilizar multitudes, siempre le ha producido a Shakira gran asombro y admiración.

Siempre ha respetado en demasía al público, sin embargo, frente a la gran masa jamás ha temblado hasta flaquear, como sí le sucedió cuando estuvo frente al papa Juan Pablo II.

Para Shakira esa visita le representó un gran cambio. Ella acababa de recibir el World Music Award en el principado de Mónaco. Y toda su vida había sostenido que no estaba de acuerdo con la acumulación de riqueza de la Iglesia Católica a través de la historia. Le dolía que existiendo tanta pobreza, muchos de los representantes de Dios vivieran con tanta opulencia.

De hecho, Shakira siempre se ha rebelado contra la injusticia, pero la social es la que más le ha atormentado. Por lo tanto, estar ahí ese día en el Vaticano, vestida con una hermosa chalina negra, arrodillada como lo ordena la jerarquía de su Iglesia, representaba para ella una clara demostración de humildad y devoción.

El Santo Padre le tocó el rostro en dos ocasiones y ella le entregó su álbum, ¿Dónde están los ladrones? Su Santidad fue el primero que recibió su cuarta producción discográfica.

CADA DOMINGO

No hay un domingo sin misa y no hay misa sin comunión en la vida de Shakira. No acepta la costumbre que tienen muchos católicos de asistir al sacrificio los días sábados. Su ritual en la iglesia es siempre el mismo. No le gusta llegar tarde y nunca es la primera en salir. No tolera a aquellos que asisten al templo sin ninguna entrega y que se comportan distraídos y lejanos. Cuando está en Bogotá asiste a la iglesia La Inmaculada Concepción del Chicó.

Uno de los principales temores que tiene hacia la prensa es que por su entrega a Dios la tilden de mojigata y fanática.

Su devoción es para ella un tema muy íntimo, más que cualquier otro. Por un tiempo, sufrió creyendo que la gente no lo entendería. De hecho, uno de los éxitos de *Pies descalzos*, titulado "Te necesito", estaba dedicado a Dios. Sin embargo, a nadie se lo confesó abiertamente. Se trata de una confesión pública, admite que cuando se siente deprimida e insatisfecha es porque de una u otra manera, por esos días se ha alejado sin querer de la palabra de Dios.

Shakira es religiosa gracias a que su madre Nidia siempre le inculcó el respeto y la adoración a Cristo. Siempre asisten ambas a estas actividades, lo que las une muchísimo. Para terminar este capítulo sólo hay que agregar que hace algún tiempo tomó la decisión de no hablar en público de los temas religiosos, y hasta el momento lo ha cumplido.

5

"Si es cuestión de confesar"

Shakira

No tienes que decirlo
no vas a volver

El bar se llamaba Manaos y quedaba en plena Zona Rosa de Bogotá. A las nueve de la noche de ese martes eran pocos los comensales. Las luces corrientes fueron apagadas de un momento a otro. Mientras tanto, un chorro de luz cayó sobre una chiquilla de cabellos negros y bombachos árabes. Sonó la música y los curtidos hombres de negocios que ya se habían tomado unos tragos, quedaron perplejos.

La gracia y la picardía infantil combinada con una vivaz pero inocente sensualidad de la niña, les sedujo de inmediato. A pesar de que los caballeros presentes veían artistas de todos los calibres por su trabajo, quedaron atrapados. La mesa principal la ocupaban los ejecutivos de Sony: Aloysio Rey, Hernán Guevara, Gustavo López, José Serrato,

Gabriel Muñoz, Alvaro Ruiz, Luis Miguel Vargas y Carlos Gutiérrez, presidente de la importante compañía disquera. La persona que los había llevado allí, sin decirles de qué se trataba, era Ciro Vargas, coordinador de publicidad de la misma empresa, y quien completaba el grupo. La chiquita, de 13 años, cantó tres temas compuestos por ella: "Gafas oscuras", "Sueños" y "Magia". A la mañana siguiente, después de doce horas de haberla visto en escena, con micrófonos y vestida como toda una artista, Sony la firmó por tres años.

Antes había llovido mucho bajo ese río caudaloso llamado Shakira. Al propio Ciro Vargas en su oficina, su compañero Germán Rojas le tiró sobre el escritorio el casete grabado con esas mismas canciones. "Espera a que crezca para ver qué pasa", le dijo y se dio la vuelta.

Ante la negativa del ejecutivo encargado de reclutar nuevos artistas, Ciro Vargas se vio obligado a decirles a los padres en Barranquilla, que su gestión para ayudarles estaba estancada.

Fue cuando se le ocurrió convencer a Nidia de que debía llevarla a Bogotá, para que sus compañeros vieran lo que su hija tenía que entregar. Ellas compraron los tiquetes y se hospedaron donde una tía de Shakira que vivía en la ciudad.

El argumento de Ciro era simple: si ellos la veían, como él lo había hecho unos meses atrás, la historia cambiaría. La tarde que Shakira se presentó ante el ejecutivo en el Hotel Cadebia (Puerta del Sol) de Barranquilla, para demostrarle todo lo que sabía, estaba de uniforme. Tenía puestos unos zapatos colegiales y llevaba medias tobilleras. Como le daba pena hacerla pasar a su habitación y todos los salones estaban ocupados, le toco pedirle que actuara en pleno *lobby* del hotel. Se acompañó en esa oportunidad con una grabadora. Por eso, el día que le montó el espectáculo en Manaos, en Bogotá, Vargas pidió a Alberto Sánchez, conocido empresario y sonidista de espectáculos, que le ofreciera los recursos que pudiera, eso sí, sin cobrarle.

UNA PEQUEÑA HADA MADRINA

Ciro Vargas conoció en un avión que cubría la ruta entre Barranquilla y Bogotá a una de las hadas madrinas de Shakira: Mónica Ariza. En los sesenta minutos que tarda el vuelo, Mónica —una muchacha no mucho mayor que su protegida— le habló sin parar de las condiciones de la chiquita que asistía a su escuela de artistas infantiles en Puerto Colombia. Se intercambiaron teléfonos y Ariza no lo dejó en paz, hasta que los puso uno frente al otro.

Mónica por mucho tiempo fue asistente personal de Shakira. E igual que ella se trasladó a Bogotá pero vivió en otra pensión. Jacarandosa, entusiasta, hablaba a mil y alto. Era una auténtica hormiguita. Sus tareas iban desde limpiarle los zapatos a la naciente estrella hasta pagar los recibos de tiendas y bancos. En realidad le "jalaba" a lo que le pusieran a hacer.

Pero Mónica desde que llegó a Bogotá no dejó de lado sus propios propósitos. En menos de un año, con ese entusiasmo que le puso a la carrera de Shakira desde que la conoció, volvió a montar una escuela artística para niños, igual a la que tenía en Barranquilla. Entre los profesores que contrató está el conocido actor y formador de estrellas Alfonso Ortiz. En la escuela que hoy tiene Ortiz en el barrio Teusaquillo, han estudiado las más conocidas figuras de nuestra televisión, entre ellas, Lorna Paz, la "peliteñida" de la telenovela *Yo soy Betty, la fea*.

¿Cómo logró una muchachita apenas un poquito mayor que Shakira que le arrendaran esa casa con cara de edificio? Pues, ése es el tipo de persona que es Mónica. Entonces pueden entender lo que fue para la estrella tener a esta chica de asistente. En Sony, la disquera, la deben recordar. Porque tampoco los dejaba en paz. Averiguaba por los afiches, por las postales, por los cheques, etc.

Nadie como Mónica entendió que Shakira era un producto y que así había que trabajarla. No descansaba buscando la forma que su protegida aprendiera cada vez más. Siempre estaba lista a realizar la tarea que fuera, mientras significara crecimiento para quien consideraba se lo merecía todo.

Mientras ella pensaba así, otros no. A medida que Shakira fue conociendo gentes en Bogotá y hacía conciertos, ella y sus padres se asomaron a un mundo en el que no cabía Mónica Ariza. En los primeros meses de su lucha, el equipo de Shakira consiguió con mucho esfuerzo dos contratos que significaron una entrada de tres y medio millones de pesos. Era dinero para quienes venían de la absoluta falta de recursos. Uno fue en el Restaurante Tramonti, ubicado en la carrera 1ª con calle 93, vía

La Calera. Shakira cantó para la empresa Johnson & Johnson, particularmente para el lanzamiento del producto de desinfección de las tazas sanitarias.

Otro de esos conciertos de carácter privado fue el de La Abadía de Monserrat, un pequeño centro de convenciones ubicado en la carrera Séptima con calle 134. Tenía un salón de fiestas y restaurante. El concierto era a propósito del Día de Amor y Amistad, que en Colombia se realiza en septiembre y no en febrero como en el resto del mundo. Esa presentación puso muy feliz a Shakira, porque los conductores de esa noche serían dos conocidas figuras de la televisión, el actor Guy Ecker y María José Barraza, presentadora del *Magazín Caracol* y ex reina de Belleza. Ambos estaban en el esplendor de la fama y eran considerados de muy alto perfil.

En el ascenso de la carrera de Shakira, Mónica iba perdiendo su posición, especialmente en el aspecto social, y de la noche a la mañana le comunicaron que estaba por fuera.

Ella forma parte del grupo de personas que ayudaron a Shakira en sus primeros años y que por estos días no mantiene ninguna conexión con la artista. Y fue la primera del grupo que salió del equipo porque a William Mebarak no le convencía su aporte al desarrollo profesional de su hija. Se dice que vive en Miami.

LA VOCERA Y AMIGA

María del Rosario Sánchez, periodista de la Universidad La Sabana de Bogotá, trabajó por varios años la imagen de Shakira mientras ella lograba el éxito. Fue contratada por recomendación de la también periodista Omaira Ríos. Sánchez venía de ser asesora, por un año, de la Gobernación del Casanare.

Ambas aprendieron en todos esos años, sobre todo lo que hay que trabajar —hasta el sacrificio— para conseguir resultados.

Sánchez renunció a seguir trabajando al lado de Shakira por dos motivos concretos: la noche del lanzamiento de *Pies descalzos*, después de una jornada muy dura porque las condiciones del concierto fueron realmente precarias, María del Rosario terminó cansada y sola en el camerino del Teatro Nacional La Castellana, porque su estrella se había marchado a celebrar con su nueva manager. Ese mismo día ni siquiera pudo ir a la peluquería a arreglarse para la noche más esperada por ellas. Era el primer gran lanzamiento desde que ambas trabajaban juntas. Para la periodista, desde que aceptó el puesto en aquella pensión universitaria no volvieron a existir días de descanso, si estaban dentro de la agenda de Shakira. Realmente fue no sólo jefa de prensa, era "la todo terreno" de la cantante. Pues bien, esa noche Shakira le dijo que saliera al *lobby* del teatro porque quería conocer de primera mano lo que la prensa, la escurridiza prensa, opinaba de su nuevo disco. Ella así lo hizo pero al regresar al camerino a presentar el positivo informe, todos se habían ido a cenar. A celebrar sin ella.

Siguió en sus funciones, porque antes que nada, con el éxito arrollador de *Pies descalzos*, estaban logrando lo que por tanto tiempo habían luchado. Pero los malos momentos con Shakira no habían terminado. La gira de promoción del disco por Colombia se terminó y arrancaba la internacional. María del Rosario estuvo en Ecuador y Venezuela, pero antes de partir para Perú, Shakira en su cuarto y mirándola a los ojos, le dijo que no iba a ese viaje porque su *manager* opinaba que "no lo merecía".

Hasta ese día trabajó para Shakira.

MICHELLE Y LOS FANÁTICOS

Una ingeniera de Sistemas y hoy madre y esposa, Michelle Hustik, formó para Shakira su primer club de fans, llamado simplemente: Pies descalzos. Sin embargo, ellas se conocían desde Magia. Michelle vio por primera vez a Shakira en la emisora Radio Tiempo de Barranquilla. El locutor Rafael Páez invitó a los oyentes para que cantaran un tema de Shakira si querían llevarse el álbum autografiado. Michelle fue una de las ganadoras y ahí se la presentaron. Pasaron varios años para que se volvieran a encontrar en Bogotá. Era la época de *¿Dónde estás corazón?* Michelle ya no era una estudiante de colegio sino una seria universitaria. Desde un principio estableció que el Club de Fans de Shakira sería distinto. Sus miembros deberían ser muchachos parecidos a su cantante: serios, disciplinados y luchadores. El club llegó a tener cincuenta mil miembros en todo el país.

A Michelle, desde el comienzo, le tocó sostener económicamente a su club, porque jamás hubo un apoyo financiero para las actividades que llevaban a cabo.

Recuerda Michelle que en una lamentable ocasión, recibió dos camisetas de Shakira para una visita que debía hacer a una emisora en Sogamoso (Boyacá) a muchos kilómetros de Bogotá. Tomó las camisetas y allá llegó.

Este club de seguidores, a quienes se les prohibía en los estatutos que fueran tan fanáticos, trabajó a nombre de Shakira para la Fundación Niños de Los Andes y de igual modo consiguió ayuda para los damnificados del terremoto del Eje Cafetero.

Pero el trabajo de Michelle más importante lo llevó a cabo en las estaciones de radio de todo el país. Su apoyo es inconmensurable en ese sentido. A pesar de todo eso, sólo pudo ver a la artista en otras tres ocasiones después de Barranquilla.

Hoy ya no es la presidenta de Pies descalzos porque se cansó de rogarles a los miembros del equipo de Shakira apoyo. O por lo menos un mínimo de respeto y consideración. Michelle jamás le habló a su gente mal de Shakira. Siempre creyó que era quienes la acompañaban los que impedían que la artista estuviera más cercana a ellos. Igual creía que uno de sus deberes era mantener la imagen de Shakira entre los miembros, pero tanta promesa incumplida le hizo perder la fe.

También descubrió que la propia Shakira no tenía ni idea que se había casado e iba tener un hijo, cuando se encontraron la última vez, porque demostró asombro al verle el vientre. Michelle creía que las notas que le enviaba a Shakira ella sí las recibía, porque así se lo dieron a entender por mucho tiempo, pero no era cierto.

Por años gastó dinero a cambio de nada. La misma Patricia Téllez, ex manager de Shakira, le dijo a Michelle, una vez que ésta estaba sin empleo, que cuando volviera a tener trabajo la esperaba de nuevo.

Contando esta historia lloró ante las personas que la escucharon.

AMIGO DE LA PALABRA

A Eduardo Paz, compositor y productor argentino, Sony lo trajo de México para el cargo de Director Artístico, cuando la artista estaba en la compañía.

Bajo su custodia musical Shakira estuvo en Viña del Mar, de donde se trajo una Antorcha de Plata. Con él realizó *Peligro* y por un largo tiempo fue una especie de "consejero" *ad honorem* de la artista. Con él habló muchas veces de cómo lograr mejores y más cuidadosos versos.

La última vez que vio a Shakira fue en una oficina de Caracol Televisión, adonde fue invitado para escuchar *Pies descalzos*, antes que saliera al mercado. Recuerda que las canciones le gustaron tanto que le dijo que el disco sería un "bombazo". Estas mismas declaraciones las dio hace poco para el programa de televisión *Sin reserva*, con el desafortunado final que al día siguiente lo llamó Patricia Téllez, ex *manager* de la cantante, para decirle que Shakira le enviaba a decir que dejara de hacerse famoso a costa de los logros de los demás.

LA BANDA

Fue la propia Patricia Téllez quien terminó despidiendo a la banda que acompañó a Shakira por muchos años. La había conformado recién llegada a Bogotá. Estaba integrada principalmente por amigos, antes que músicos. Eran muy talentosos, tanto que hicieron parte de la producción discográfica y del lanzamiento oficial de *Pies descalzos*.

Ensayaban en un garaje que pretendía ser un estudio. Las paredes estaban forradas con cubetas de huevos. Julio González era quien lo alquilaba y lo hacía por veinte mil pesos.

Por Italo, el baterista, a quien conocía desde Barranquilla, Shakira siempre tuvo un especial cariño, y fue el único que conservó su puesto, después de aquella terrible "desbandada". Por esos días, se unieron y llevaron a los medios de información un comunicado, en el que expresaban lo que ellos consideraban una injusticia y un atropello. Pero con eso no consiguieron mucho. Como dato curioso para terminar esta historia alrededor de las personas que trabajaron directamente con Shakira antes de que la cantante se estableciera en Estados Unidos, sólo hay que agregar que Patricia Téllez, en el año 1999, fue reemplazada por el *manager* Freddie de Mann, quien llegó al equipo de Shakira precisamente porque se cree que conoce el mercado anglosajón, en el que Shakira tiene hoy fija su mira.

6

"Estoy aquí"

Qué voy hacer con mi despiste selectivo
y con mi sueño frustrado de aprender a cocinar
y qué voy hacer con los domingos
y feriados
ningún plan es apropiado

El camino más rápido para llegar a la esencia de Shakira es por el lado gastronómico. Por comer una de sus frutas favoritas camina por las esquinas de las ciudades como en trance. Si no la quiere ver histérica no le quite de su alcance uno de sus bocadillos predilectos. Las escasas veces que llega a mentir es para ocultar que está comiendo algo que le hace daño. Por negarle un platillo de esos que la obsesionan llega hasta a la amenaza, lo que jamás haría por ninguna otra razón en el mundo.

Shakira es realmente una mujer elemental a la hora de comer. Lo que no deja de ser una cualidad más en una celebridad. Mantiene una fidelidad a toda prueba por las comidas probadas en su infancia, particularmente por las viandas del Caribe colombiano.

Sus obsesiones se definen así: ácido, salado, picante y dulce.

En la Costa Atlántica colombiana hay un grupo de animales de monte y salvajes que se sirven a la mesa en ciertas épocas del año. Sin embargo, es en la Semana Santa cuando los exigentes paladares los disfrutan.

Entre esos animales de temporada está la iguana, un reptil que sale a las orillas de los ríos a poner sus huevos. Ahí esta dicho todo, por esos días son muy fáciles de cazar. La costumbre no es comer sus carnes sino sus deliciosos huevos. Son blancos y blandos recién sacados del vientre. Tienen un olor fuerte a queso azul y los amarran con pitas por el centro. Siempre se comen crudos pero hay dos maneras de hacerlo: blandos o duros. Todo depende de cuánto sol han recibido. Hasta hace muy poco era fácil hallarlos en los mercados de las principales ciudades costeñas, eso sí, con un alto costo.

Hoy su venta está prohibida para desgracia de las gentes de la región y claro, de Shakira.

Antes, cuando tenían venta libre, los cazadores llevaban este manjar hasta los consumidores sin ningún problema.

Eso se acabó. Ya no se venden como antes y no cuelgan en las carretillas de los bulliciosos vendedores del lugar. Ahora quienes osan ofrecerlos están expuestos a que les decomisen la mercancía y hasta a la cárcel pueden llegar a parar.

Shakira conseguía huevos de iguana en las playas de Puerto Colombia, cerca de Barranquilla. La compra se hacía con el mismo sigilo que cuando se compra droga ilícita. Se los vendían unos ancianos. Pero como ya no viaja tan a menudo como antes a "La Arenosa" y por culpa de las entidades defensoras de los animales, no los puede degustar, en su memoria conserva este recuerdo gastronómico.

En plena promoción de su disco *Pies descalzos*, en Pereira, ciudad ubicada en el centro del Eje Cafetero, tierra de clima templado, a Shakira se le antojó comer otro de sus placeres: mango biche. En la Costa Caribe colombiana hay una variedad maravillosa de mangos. Los hay llamados de azúcar, chancleta, de puerco, en fin, la lista es amplia. Antes se comían maduros pero de un tiempo para acá se empezaron a bajar de los palos cada vez más verdes. Y pasaron de ser una fruta para jugos y postre a ser un acompañante para los tomadores de tragos o simplemente para ser degustados a cualquier hora.

Pues en Pereira se fue a la calle en búsqueda de sus mangos biches. Después de mucho tiempo de recorrer el centro de la ciudad encontró por fin un vendedor. Pero no los vendía como a ella le gustan: servidos con sal, limón o vinagre, y por supuesto con un toquecito de pimienta picante. Ante tal realidad, a Shakira no le importó darle al señor una cátedra de cómo mejorar su negocio, si le agregaba esos ingredientes. Lo que ocurría es que en Pereira no les había pasado por la mente comerlos de este modo. Quizás se haya extendido el gusto por el mango verde con la receta que ella les enseñó.

Por comer en demasía mangos biches se ha enfermado. El día que se llevó a cabo la sesión fotográfica para el disco *Pies descalzos*, en pleno centro de Bogotá, Shakira comió un suculento "brunch lunch" de mango biche. Se había levantado a las cuatro de la madrugada. Tenía que estar a las cinco de la mañana en la locación: la vieja edificación de la Gobernación de Cundinamarca, situada en la tradicional avenida Jiménez. Miguel Ángel Velandia, el fotógrafo elegido por Shakira, insistió que la mejor hora era las cinco de la mañana. Así se hizo. A las ocho, Shakira se moría de hambre. Un vendedor de mango biche la salvó y más tarde la condenó. Devoró cinco bolsitas completas; por supuesto, en la tarde estuvo realmente enferma del estómago.

Si comer para ella es la vida misma, lograr que otros conozcan sus gustos le produce el mismo infinito placer. Shakira en una mesa tiene costumbres que la delatan. No sólo consume su plato sino que pica del de todos. En ocasiones, come más de los platos de otros que del suyo.

Pero para verla realmente en su salsa hay que estar con ella en una mesa de un restaurante de comida árabe. La gastronomía árabe ha formado parte de su crianza, por dos razones: por herencia familiar y por haber nacido en Barranquilla.

Por muchos años, aún sigue ocurriendo, ha existido inmigración especialmente de libaneses a Colombia. Por esa misma razón, la gastronomía árabe forma parte ya esencial de la gente de la Costa Atlántica.

Se comen diariamente lentejas, garbanzos, mucha cebolla y ajos, para no mencionar platillos completos de esa región.

Entonces se entiende por qué Shakira se derrite ante un bufé servido con estos platos. Le gustan los quibbes, bollitos hechos con carne y trigo. Se pueden comer crudos o fritos en aceite. Shakira, además, les echa mucho jugo de limón. También le parece sabroso el arroz de almendras, el que en ocasiones lleva pollo desmenuzado. Termina completando esa pasión el tahine, una masa blanda hecha con garbanzos molidos que es muy apropiada para untarla sobre pan árabe. Le gusta tanto que una vez tuvo el arrebato de aprenderlo a hacer. Llegó hasta comprar los garbanzos pero la flojera que tiene por la cocina le impidió llevar a cabo la tarea.

Si le llevan la cuerda totalmente, sus invitados a comer este tipo de platos pueden llegar a enfermar por hacerlo en exceso, igual que le pasa a ella.

Hoy, que no tiene la oportunidad de estar frente a ciertas comidas, no tiene problemas porque las más variadas especies de mariscos están entre sus gustos.

Para ver a Shakira totalmente fuera de control, sólo hay que quitarle una chocolatina a punto de llevarla a la boca. Por comer chocolatinas inventa cualquier mentira. Dice que las come para combatir la "depresión", pero realmente es que muere por ellas desde niña. Su sensación de éxtasis es comerse una de ellas. Por los chocolates llega hasta la pelea, con el que sea. Puede que en su cartera no haya billetes pero chocolatinas las hay de todos los orígenes y precios. Ante los chocolates no tiene gustos específicos. Los puede comprar baratos o muy caros. Ella no se detiene ante cualquier vitrina, se detiene ante las que tienen una variedad infinita de estos productos.

Cuando empezó a grabar *El Oasis* le impusieron racionamiento de chocolates para que no se viera tan llenita. Se le dijo que sólo podría comer una diaria. Se le compró entonces el domingo, las siete de la semana. Pues el lunes, cuando exigió su ración del día, habían desaparecido seis. Negó, como era de esperarse, que ella era la culpable del robo. Igual la acompañante —ella jamás viaja sola— la castigó y no quiso darle la única que quedaba. Amenazas, insultos y hasta chantaje —escondió los cigarrillos de su chaperona— hasta que se la devolvieron.

En otra oportunidad, en un avión le ofrecieron chocolates al entrar. Que "papayazo" para una consumidora furibunda de chocolates. Abrió las manos y agarró todos los que podía. Como la recomendación era ayudarla a bajar de peso, trataron de quitárselos. Acabaron regados en el piso y allí terminó Shakira de rodillas, recogiéndolos. La auxiliar de vuelos no lo podía creer y le ofreció otros. ¿Qué creen que hizo?

Cuando Shakira conoció los "Kiss" de Hershey's descubrió el cielo en la tierra. Son esos chocolates que vienen envueltos en papeles dorados y plateados, y terminan en una punta. Los compraba en sus viajes y a Nidia le tocaba entonces armar caletas en el apartamento para que no se los comiera de una sola vez.

Para ella un chocolate es la gloria, pues cree que no hay mejor regalo para hacer. Logra desprenderse máximo de cinco cuando lo hace, los demás los guarda para sí.

Además no concibe que los líquidos se pueden tomar sin hielo. El que fuese, pero especialmente las bebidas negras (colas). Desde Barranquilla tuvo la costumbre de tomar las bebidas con mucho hielo. Puede estar muerta de sed pero sin hielo no toma nada. Una vez en la carretera hacia Bogotá, pretendía que en las casetas del camino le vendieran su gaseosa con hielo. Como no lo consiguió se aguantó hasta llegar a la ciudad. Tampoco se sentaba antes a la mesa y menos empezaba a comer, sin tener enfrente un litro de gaseosa. En realidad siempre prefirió ese refresco al agua.

En Bogotá, donde vivió tantos años, se tiene la costumbre de ofrecer a las visitas café o agua aromática. Si le preguntaban, "¿Qué quiere, agüita o tintico?", siempre les decía: "Gaseosa, por favor".

A TODO VOLUMEN

Shakira también es una fanática. Su mundo es la música y siempre la música la ha perseguido. Jamás está sin escucharla, hasta en el baño. Para estar con su música a todo volumen —no concibe hacerlo de otra manera— cierra la puerta de la alcoba.

Pero no escucha todo tipo de música. A pesar de haber nacido en el Caribe colombiano, la música tropical no le gusta. No es una costeña típica de vallenatos. Su máximo contacto con el género es la carrera de Carlos Vives, a quien admiró y a quien le seguía lo pasos.

Desde siempre ha admirado artistas de todas partes del mundo. Pero si tenemos que encasillarla en géneros, hay que decir que no sale del rock (The Cure, The Police, U2, son sus preferidos), el pop y la trova cubana.

Para ella la música también tiene forma. Escucha canciones y a la vez hace esculturas con arcilla. Lo del arte no es nada nuevo para ella. Desde pequeña ha sentido gran inclinación por las artes plásticas. En su apartamento de Barranquilla hay un espacio vacío pero igualmente enmarcado, donde piensa colgar una de sus pinturas. Nidia creyó por mucho tiempo que su hija sería pintora o escritora. Los rostros de sus esculturas tienen la expresión exacta al tema y al artista que escucha en el momento que la crea. Algunas son feas, duras y muy violentas. Otras son al revés, representan mucha paz.

Para alguien que es la música misma, no deja de ser extraño que pocas veces se le vea comprando discos. En realidad siempre se los regalan o en su casa disquera se los obsequian o simplemente se los queda.

Ése ha sido uno de sus logros: no tener que comprar música como le toca a la gran mayoría de los mortales.

Igual le ocurrió con aquellos famosos que escuchaba en su grabadora en Barranquilla o en la misma Bogotá mientras manejaba su Sprint gris, que los terminó conociendo antes de lo imaginado.

Así le ocurrió con el grupo argentino Soda Stereo, una banda que siempre la mató. Resulta que en 1994 asistió a un concierto que ofrecían los muchachos en Barranquilla, cuando ella aún podía andar libre por su ciudad. De hecho, se gozó el concierto al igual que miles de espectadores esa noche. Con la diferencia que ella asistió para ver a la banda de rockeros y la inmensa mayoría del público lo hacía por los merengueros de Rikarena. Tan fanática era del grupo que ella al día siguiente, en el *lobby* del Hotel del Prado, se les presentó. Les comentó que había grabado discos y que estaba trabajando en televisión. Esa noche conversó largo con la voz líder, el guapo Gustavo Cerati. Y a pesar de que era noche, los llevó a las playas de Puerto Colombia.

Shakira estuvo influenciada ya en su adolescencia por la onda del rock en español, como le ocurrió a todos los muchachos a principios de los noventa.

Esta nueva onda rockera y latina se desarrolló con gran fuerza en Argentina y México. De hecho, grupos como Soda Stereo, Maná, Café Tacuba, Los Fabulosos Cadillacs o artistas como Fito Páez o Miguel Mateos, anduvieron por toda América Latina con su música.

Otro de los artistas que escucha desde siempre es a Miguel Bosé.

Lo seguía desde aquella canción Amiga, la que, a propósito, el español jamás canta en sus conciertos. Bosé es de los artistas españoles con el sonido más internacional y el más revolucionario. Eso le ha permitido siempre estar a la vanguardia. Hace dos años publicó un álbum de éxitos y las nuevas generaciones, lo compraron sin problema, porque él nunca suena "viejo". Fue el propio Bosé a quien le tocó hacerle entrega en España, en 1999, del Premio Amigo, como "La mejor solista latina".

Un favorito de Shakira es Ricardo Arjona. No lo dejaba de escuchar nunca. Para él no necesitaba estados de ánimo. Siente especial respeto por sus letras. Las considera cotidianas pero poéticas.

Particularmente la descrestó una canción en especial: *Verbo, no sustantivo*. Llegó a tener todos sus discos y por él confesaba abiertamente que sólo Dios entregaba tanto don para escribir.

Lo conoció en Guatemala, mientras hacía promoción de *Pies descalzos*. Él fue muy amable, la llevó a su casa y la atendió de maravillas. A su regreso a Colombia, admitió que el hombre "estaba bueno".

Uno de los artistas que le llegaba fuertemente a los sentidos era Kurt Cobain, quien se suicidó en el esplendor de su carrera. Vaya uno a saber por qué en los días de duelo por el líder de Nirvana, se le dio por echarle la culpa de la muerte a la esposa, Courtney Love. Que cómo no lo había cuidado, mimado, etc. Después de su desaparición grabó todos sus videos. Como su cumpleaños estaba cerca a su muerte, pidió de regalo un afiche de Kurt, eso sí, enmarcado. Después pretendió colgarlo en el estudio pero su madre se lo impidió.

A la gran mayoría de los artistas que admira los ha visto en concierto o en persona. Mas hay dos cantantes mujeres con las que tiene una relación especial. Son ellas Tracey Chapman y Alanis Morisette. No hay duda de que han influenciado un poco su música aunque cuando se lo han dicho en las entrevistas lo ha negado.

LA MUERTE NI EN TV

En la televisión Shakira sólo ve videos. Se niega a ver los noticieros, por una simple razón: la entristecen. Cuando se le oye decir "me duele el país", hay que creerle. Le ha faltado siempre hígado para ver la realidad de Colombia en televisión o en periódico. Lo que siempre ha hecho es que pide a alguien que le haga un resumen de lo que está ocurriendo.

Algo innegable es que la violencia la golpea fuertemente. Pero la que no admite y evita a como dé lugar es el tema de la muerte. Sobre todo la de sus seres queridos. Eso le produce horror. A veces su mamá, por amenazarla para que se porte mejor, le dice: "No sé qué vas a hacer cuando yo muera", eso sí que la puede afectar.

Una noche, como a eso de las diez, mientras estaban sólo las dos en Bogotá, a Nidia le dio un ataque y Shakira creyó volverse loca. Cuando las encontraron a ambas, la escena no podía ser peor,

Nidia sin conocimiento y Shakira estremeciéndola y gritando: "No te me mueras, por favor".

Es que Shakira conoce la muerte de cerca. Un primo suyo, Hendrick Ripoll, murió en Lima: el avión que piloteaba se estrelló contra un edificio. Él era su amigo. A él le cedía su cama cuando a veces pasaba días en Bogotá. A él le entregaba las llaves de su carro y realmente fue quien la alentó a aprender a manejar. Después que recibió el curso de conducción, le tuvo la paciencia necesaria para que se soltara definitivamente. La invitaba a conocer sitios nocturnos. Los dos se iban hasta Chía, población ubicada a veinte kilómetros de la capital, a comer pandebonos y almojábanas. Él le pronosticó que más temprano que tarde, se iría a vivir a Miami.

Shakira acababa de salir del baño cuando Nidia le soltó la noticia. Tuvo esa mañana una discusión fuerte con Dios y por minutos golpeaba la pared con sus brazos y espalda. Se encerró por tres días en su cuarto. Pocas veces se le ha visto tan triste, sin embargo, después del duelo, no volvió a mencionar ni siquiera a su primo.

En Colombia tiembla poco pero cuando ocurre siempre es tragedia. Shakira sintió un temblor en el quinto piso del apartamento de La Calleja. Ocurrió a eso de las once de la mañana. Corrió por las escaleras y se acordó de su mamá cuando ya estaba en el primer piso. Desde ese día obligaba a Nidia a tener lista una maleta en el clóset con dólares, ropa, botas y un portarretrato con la foto de sus padres.

SUS AMIGOS LOS LIBROS

Al revés de lo que le sucede con los discos, Shakira sí compra libros. Antes los compraba en la Panamericana y en las librerías de los aeropuertos.

Lo hace desde niña y para eso siempre había dinero, hasta en las épocas duras. Una tentación irresistible es para ella una librería abierta. Lee en los aviones, en la cama, en el estudio, donde sea. Es muy común la escena de Shakira dormida con un libro en el pecho.

Tiene muchas razones para hacerlo, empezando porque su padre, William, es antes que nada un escritor. Con su padre, siendo aún una niñita, sostenía conversaciones largas sobre temas poco o nada comunes para alguien de su edad. Por mucho tiempo compartieron la historia de Colombia, leyeron mucho a Indalecio Liévano Aguirre. Sostienen una relación muy estrecha gracias a que aman realmente los libros.

Shakira es una lectora de verdad. De las que se entrega totalmente a esa pasión. No pasa letras y letras sin entender. Tiene a mano un diccionario para salir de dudas de una vez. Nadie niega que siendo más joven los libros la ayudaban a soltar sus contundentes argumentos, esos mismos por los que llegó a ser respetada como una adulta. Opina que los libros son una alfombra mágica que hacen volar su imaginación y cree que no existe mejor herramienta que leer para crecer. Tanto así, que por muchos años se leyó a todos los escritores conocidos de superación.

Shakira es una psicóloga por intuición y por conocimiento. Por mucho tiempo leyó a los principales autores de autoayuda. Libros como *Tus zonas erróneas*, *Las siete leyes espirituales del éxito*, o *Ámate a ti mismo*, formaron parte de su crecimiento.

Igual consideraba a *El principito* como otro libro de superación. Y no lo dejaba de hojear cada vez que tenía un tiempo libre.

La frase de Og Mandino: "Leer este libro puede ser lo más extraordinario que jamás le haya ocurrido" la puso en práctica por muchos años. Muchas frases de estas se las aprende de memoria y después se las suelta a uno que otro periodista imberbe.

No sólo ha estado centrado en ese tipo de lectura. Igual es amante de la literatura en general. Pasó por los clásicos: Borges, Cortázar y Neruda, hace mucho tiempo.

Nunca han faltado los libros en sus mesas de noche. Lee de tres a cuatro al tiempo. No es entonces una frase de cajón cuando contesta que le gusta leer, de hecho sí lo hace. Por eso mismo, su dominio de la palabra cuando habla y cuando lanza esas sentencias sobre lo divino y lo humano, a sus escasos 29 años.

Si algún fanático la quisiera ver algún día por ahí, quizás sea posible que se la encuentre en una librería.

LA ÍNTIMA

Shakira en la intimidad es un caos. Las tareas más comunes para ella son realmente monumentales contratiempos. No sabe hacer una maleta, no sabe llegar sola a ninguna parte porque su sentido de la orientación se le perdió hace años. Jamás encuentra las llaves, especialmente las del carro. Los primeros meses después de la compra de su primer vehículo las perdió tantas veces que aprendió a abrirlo como suelen hacerlo los ladrones: con alambres.

Como a la cocina no entra, allí no comete errores, pero como el baño sí lo usa, puede llegar a convertirlo en un chiquero. Derrama los polvos de maquillaje y con sus colores por todas partes.

En un baño normal puede tardar más de una hora. Bajo la ducha le llega a veces la inspiración. Entonces hay que correr a llevarle lápiz y papel. Jamás sale de su casa sin probarse varias pintas. Las mismas que deja regadas por todas partes. Pierde maletas y bolsos porque se le olvidan que hay que llevarlos consigo. Una vez hasta dejó el carro tirado mientras corría a abordar un avión. Le recordaron que debía guardarlo en el parqueadero del aeropuerto. Curiosamente, la mayoría de las veces que ha dejado sus objetos olvidados los recupera, menos en aquella ocasión que olvidó el maletín con los temas de *¿Dónde están los ladrones?* Su sentido de la ubicación es tan fatal que a veces le ha tocado contratar taxis para que la orienten a llegar a su destino.

Tiene por otro lado unas manías muy simpáticas. Siempre que llega a algún lado se pone pijama. Puede que le toque salir de nuevo a los quince minutos, pero siempre se "empijama".

No va al cine. Prefiere ver las películas —en pijama, otra vez— en su cama y comiendo corozos con sal.

Para despertarla hay que tener mucha paciencia. Hay que hacerlo muy despacio, poco a poco y en eso su "despertador" puede tardar más de media hora.

Hay cosas que le aburren muchísimo, una de ellas es el excesivo protocolo. Cree que es innecesario en la gran mayoría de las ocasiones. Por eso, en la intimidad, se relaja bastante.

"LAS MEDIDAS NO ME CABEN EN LOS SESOS"

La batalla campal que libró Shakira por defender su talento frente a su imagen duró años, y la desgastó demasiado espiritualmente.

Se resistió a creer que algunos se detuvieran más en su imagen que en sus canciones. Por mucho tiempo se defendió como fiera respecto a ese espinoso tema. Sin embargo, con el paso del tiempo terminó por admitir que una cantante es un producto y como tal debe defenderse del mercado.

A Shakira se le criticaba mucho en todos los frentes de su exterior. Se le comparaba con las estrellas femeninas que reinaban por esa época. Con ella asistió a Aruba, isla donde se llevo a cabo el especial de *TV y Novelas* y que la colocó entre los más bellos de nuestra farándula.

Allí se vio por primera vez enfrentada en el único terreno que no dominaba: el de la imagen externa. De hecho, en el aspecto interior, había concentrado sus fortalezas.

En el grupo de las bellas estaban tres divas de ese momento: Aura Cristina Geithner, Geraldine Zivic y Angie Cepeda. Las tres tenían unos cuerpos espléndidos y en forma. Shakira, en cambio, y a pesar de que era la más joven, no lucía del todo bien: tenía varios kilos de exceso. Irma Aristizábal, quien estuvo a cargo de esa producción fotográfica, la persiguió durante esa estadía, porque Shakira comía chocolates a escondidas. Además le habían recomendado que la cuidara.

En ese mismo viaje se constató el grado de incumplimiento de Shakira. Contradictoriamente mientras su papá vendía relojes, ella no tenía ninguno. Es más, no aprendió a leer las manecillas del reloj. Una mañana, ya cansados de esperarla a toda hora y de que no llegaba a tiempo para viajar a las locaciones, todo el equipo se escondió de ella en la playa y por minutos pensó que se habían ido para Curazao, sin ella.

Irma Aristizábal es una testigo crucial de la lucha que libraba Shakira por ser admirada por su interior y sus canciones, y no por su exterior. Especialmente porque estaba gordita y no tenía un "look" guao.

De hecho, la directora de Stock Models, la misma que en Aruba le puso todo el tiempo unos pequeños nativos enfrente para que le taparan los gorditos, después la vio cada sábado, actuando para los niños enfermos de cáncer de la Fundación Darma.

Shakira iba hasta donde los chiquillos y les cantaba. Les daba de comer ajiaco, sopa que les regalaba una empresa de servicio a domicilio. En esas visitas le tomó cariño especialmente a Ángel, quien tenía tres años. El bebé admiraba de tal modo a Shakira que murió con la foto de la artista en las manos. Fue precisamente Irma quien le dio los primeros consejos serios a Shakira para que hiciera cambios radicales en su imagen. Sus debilidades eran unos kilos de más y el exceso de maquillaje. Aristizábal habló con Shakira la última vez, cuando la cantante estrenó *Pies descalzos* en el Teatro Nacional de La Castellana. La llamó y le confesó: "Irma, ven a verme, ya no me maquillo tanto".

No deja de ser divertido que mientras los demás le descalificaban por su gusto al vestir y por sus gorditos, a Shakira lo único que le afectaba era no tener un busto más grande y unos cuantos centímetros más de estatura. Tanto le preocupaba que en muchas oportunidades se colocaba toallas higiénicas para aumentarlo. Frente a los fotógrafos debía hacer maravillas para que no notaran su relleno mágico.

Shakira no considera prioritario el asunto de su vestuario. Aún hoy compra muchos de sus vestidos porque le gusta lo que ve en las vitrinas de las casas de moda. Así conoció a la argentina que le confeccionó el vestido dorado que lució el día que recibió el Grammy en Los Ángeles.

Más ya no es la misma adolescente de jeans y blusas de algodón, por muchas razones. En primer lugar ha perdido los kilos que le pedían todos que

bajara. Como muchos artistas se realizó una lipo-
succión y definió un montón su figura. Y como mucha
gente que pasa por este tipo de cirugías, tuvo una
recuperación poco agradable y demasiado lenta.

Otro de los cambios estéticos que se hizo fue un
diseño de sonrisa. El tratamiento consistió en blan-
quearle, alargarle y unificar los dientes. Que se haya
dejado los crespos naturales y ahora sea una rubia,
a nadie le ha extrañado, porque a ella simpre le gustó
la idea de tener el cabello de otro color y lucir más
blanca. De hecho, usaba polvos de un tono más claro
al recomendado para su piel.

Shakira es hoy una mujer trabajada físicamente
pero aún son su mente y corazón sus principales he-
rramientas de seducción.

7

"Mi papá es la locura y mi mamá es la cordura"

Shakira

Nadie existe sin padres. Mas esta historia que estamos narrando no tendría comienzo ni final sin Nidia y William, los progenitores de Shakira. Él es un artista en el sentido más completo de esa palabra. Un soñador incorregible, un visionario, un hombre inteligente y culto. Resulta imposible creer que la artista que es hoy su hija, se hubiese consagrado sin su abrigo paterno.

Escritor sin reconocimiento, su primer libro fue escrito en 1954 y lo tituló: *Mambolé*. El segundo, en 1992, llamado: *Si yo fuera presidente* y el tercero en 1994, *El caso del hombre de las gafas oscuras*. De hecho, quizás logre el éxito tan deseado en las letras cuando publique las memorias de Shakira, en las que viene trabajando hace muchos años. Es un hombre amante del conocimiento. Estudió algunos semestres de Medicina en la Pontificia Universidad Javeriana, de Bogotá. Es un intelectual: sus canas y una pipa lo delatan. Pero su principal oficio consistió —incluso desde antes de nacer— en convertir a su pequeña en una elegida entre tantos mortales del común. William Alberto Mebarak Chadid nació el 6 de septiembre de 1931 en Nueva York, pero no fue sino hasta hace muy poco tiempo, con los triunfos de su hija, que conoció "La gran manzana".

Karabem es su seudónimo, y como a todo escritor que se respete le picó el bicho del periodismo. Labor que desarrolló en Bogotá en el *Diario hablado democracia*, para el ex presidente de la República, Julio César Turbay Ayala. Fue redactor y reportero del noticiero *Sonrisal*, de la emisora Nueva Granada, según la reseña de uno de sus libros.

Nidia Ripoll Torrado, por su parte, es la madre abnegada que jamás le ha perdido el paso a su única hija. Cuando conoció a William muchos creyeron que se iba "a quedar", como dicen en su tierra a la mujer que no se casa. Lo hizo después de los peligrosos treinta. Ella no sólo encontró una pareja sino que consiguió un hombre que aún la hace inmensamente feliz y del que se siente muy orgullosa.

William antes de Nidia estuvo casado con la madre de sus otros siete hijos: William, quien murió en un accidente automovilístico, y por quien aún llora sin pudor, Lucy (es médica y vive en España, su especialización fue pagada por Shakira), Moisés (comerciante), Alberto (abogado y quien recibió un Twingo de regalo de parte de su famosa hermanastra), Tonino [roadmanager de Shakira], Edward (estudiante y vive con ellos en Miami) y por último está Patricia, quien también vive en España.

Nidia y William son muy distintos. Mientras él ve caer maná del cielo, ella los derrite a la mitad del camino y los vuelve pura agua. Esa combinación de personalidades tan opuestas, formaron a un ser excepcional: Shakira.

Nació Shakira Isabel después de una larga espera. Concebirle fue un milagro. Por eso mismo, desde el principio, los padres se sentían afortunados con su llegada.

LOS IMPULSORES

Los padres de Shakira, ambos, han tenido varios cargos en su carrera. Fueron sus descubridores de talento, sus impulsores, sus promotores y más tarde sus manejadores. Cuando ella aún no había mudado sus dientes de leche, la llevaban a cuanta persona consideraban podía enviar a su hija a un escalón más alto, en la escalera hacia el éxito.

En esta primera etapa presentaron a Shakira ante el periodista Edgar García Ochoa, quien era muy leído gracias a su columna en el diario *El Heraldo*, de Barranquilla. "Flash", como también es reconocido, ha tenido siempre el don de las relaciones públicas. Puede sentar en la misma mesa a un ministro, a un periodista como José Pardo Liada, al ciego desamparado que busca dinero para una operación, y al archifamoso Julio Iglesias. Nidia y William, como luego hicieran con Ciro Vargas, ejecutivo de Sony, llevaron hasta él a Shakira para que la viera cantando. "Flash" quedó muy impresionado con la chiquilla y la incluyó en las actividades benéficas y sociales que organizaba.

Otro hombre de la música que conoció a Shakira muy niña fue el empresario de artistas Marcos Carraza, quien ejerció como representante o agente de la cantante mientras vivió en "La Arenosa". Logró vender su espectáculo gracias al prestigio que tenía por sus otras estrellas, entre las que estaba Joe Arroyo.

LA SEPARACIÓN

En esa búsqueda por llevar a su hija hasta donde ella lo deseara, William y Nidia terminaron distanciados por miles de kilómetros. Aunque en Barranquilla él todavía vivía con su otra familia, la cercanía con Nidia y Shakira fue siempre sagrada.

Pero la carrera de su hija predilecta estaba marcada por un destino: Bogotá.

Cuando ellas se trasladaron de ciudad, William Mebarak atravesaba una de sus peores épocas financieras. Como todo "turco" —así son llamados todos los inmigrantes árabes, no importa el país de donde vinieron— era un incansable y pujante comerciante. Por un tiempo administró la gasolinera que su papá tuvo por muchos años en Sincelejo (Sucre), y que era conocida por todo el pueblo simplemente como "La Mecha".

Con esa pinta que administra fue un orgulloso y apuesto visitador médico. Actividad que en los pueblos de la costa no la tenía cualquiera, hasta la ejerció el ganador del Nobel, Gabriel García Márquez.

También por ser tan amante de la historia y de la literatura, lo que heredó su millonaria hija, dictó clases en varios colegios de Barranquilla. William vio partir a sus dos amores cuando atrás había quedado el empresario dueño de relojerías y almacenes de calzado. Desde hacía un tiempo estaba concentrado en la venta de relojes finos. Cargaba con su lote hasta donde alguien se lo pidiera. Ésa era la situación de sus fervorosos padres, cuando Shakira le dijo adiós a su pasado.

LA ÚNICA Y VERDADERA AMIGA

Shakira no tiene una mejor amiga que su mamá. Las otras son personas a las que conoce un poquito más allá de lo normal, como es el caso de Claudia Manotas, su amiga de infancia y a la que llama cuando va de paseo por su ciudad. Los otros individuos cercanos a Shakira han sido sus empleados, de quienes hablamos en capítulos anteriores.

Nidia es además la única que la conoce en el mundo. Es su confidente y su "pana". Las dos han pasado por todo juntas. Desde que tocaban puertas a las directoras de las academias de baile y canto en Barranquilla, hasta llegar a los Estefan.

Es común verlas en el comedor del apartamento de Bogotá, hablando y hablando, por horas. Ése es uno de los lugares favoritos de las dos para conversar. La mesa es grande y en vidrio. La sostienen dos columnas de mármol en el centro. El único adorno de la mesa es un candelabro enorme, en plata. Complementan la decoración un bifé y un espejo de dos metros de largo.

Si no están allí, la "chismoseadera" es en la cama de Nidia, en Bogotá o en Miami. Shakira le gusta pegarse como un chicle a las costillas de su mamá, aún a sus 29 años de edad. Siempre tiene que mandarla a correr, porque siente que la "ahoga".

Las dos amigas no tienen temas vedados. Los hombres, además de los temas laborales, pueden ser uno de los preferidos. Nidia es una consejera de miedo en ese territorio. Cuando los novios terminan traicionando a Shakirita, como le suele decir por cariño, Nidia le suelta unas charlas largas de cómo los debe tratar. Igual pueden tener largas conversaciones sobre sexo. Nidia siempre le pone ejemplos a Shakira para que no pierda sus virtudes frente a cualquiera. Jamás se lo exige directamente, pero le trae a colación muchachas a quienes les había ido muy mal en la vida, por no cuidarse.

BÁJATE DE ESA NUBE

Si tiene que darle mucho pechiche, Nidia no se detiene, y si le toca entrar a la cocina, cosa que no le gusta al igual que a Shakira, por ella lo hace. Cuando su hija le pide de comer, le prepara algo muy rápido: atún con cebolla bien picadita y mucho jugo de limón y mayonesa. Luego lo unta sobre galletitas de soda.

Así como dejó su hogar, a William, a sus amigos y a Barranquilla, por no dejarla sola, Nidia también es dura con Shakira. Es la única que la pone en su lugar. Cuando Shakira se siente cansada y no quiere atender a un periodista o como ocurrió una vez en Unicentro, uno de los principales centros comerciales de Bogotá, donde se negó a firmar unos autógrafos, le pega pellizcos y le recuerda que ella fue la que se buscó todo eso.

Cuando William aún vivía lejos de ellas y Shakira se portaba mal, era muy común oírla amenazando: "Te voy a pegar" o "Voy a llamar a tu padre, no te aguanto más". Porque precisamente a Shakira le dan pataletas cuando las cosas no le salen bien.

La cualidad principal de Nidia es que evita que su hija se llene de rencores y odios. A Shakira, por ejemplo, siempre le pareció injusto que artistas como Aura Cristina Geithner que no tenía el gran talento para la música, no sólo le sacaran un disco simplemente porque era bella, sino que la casa disquera la respaldara en grande, cosa que a ella no le hacían. Ahí entraba Nidia a terciar y a quitarle esas nubecillas a su hija.

Otra de sus funciones claras es bajarle el ego a Shakira cuando ve que los humos la están tapando. Muchas veces le recuerda de dónde viene.

Una de esos "jalones de orejas" se lo dio su mamá cuando el lanzamiento de la revista Eres, Colombia. En la portada de esa primera revista iban Flavio Cesar y Shakira. Esa producción la hizo gente que vino de México. Trabajaron de jueves a domingo santo, en el bello y colonial barrio La Candelaria, de Bogotá. Eres es la revista juvenil más importante del grupo editorial Televisa.

Para entrar al mercado colombiano, Televisa organizó un concierto en el Teatro Nacional La

Castellana. Shakira fue como invitada y le hicieron entrega de dos Premios Eres.

Después de ver el espectáculo central, el que estaba a cargo de la cantante y compositora Silvia O, y quien tiene mucho talento pero menos suerte que Shakira, expresó que ella, por lo que había visto esa noche, no tenía competencia en el país. El regaño fue grande. Otra vez su madre le recordó de dónde venía.

SU PRIMERA MANAGER

Mientras no tuvieron una persona firme en el staff, Nidia era la manager de Shakira. Y siempre lo hizo bien. Le llevaba la agenda y la libreta de teléfonos. Le conseguía el vestuario y en las épocas duras, lo pagaba a plazos o con cheques posfechados. La llevaba a la peluquería. Le recordaba los nombres de las personas importantes con las que se encontraba, eso incluía a los periodistas. Pero como además era su madre, no permitía que su hija conociera ninguna de las dificultades financieras por las que atravesó tantas veces. Jamás la ha dejado sola y sin respaldo. Cuando ella no puede estar con su hija físicamente, la administra por teléfono.

Como era *manager* y madre, ella está pendiente desde el desayuno con butifarras —un embutido de carne de cerdo con mucha pimienta— y jugo de naranja, hasta encontrarle todo lo que pierde por culpa del desorden.

Después que llegaron Patricia Téllez, ex *manager*, y Freddie de Mann, su función consiste en seguir sus pasos para que la carrera de su hija funcione como un relojito. Bajo su responsabilidad y control siempre hubo dinero para asistentes, jefes de prensa, peluqueros, etc., lo que la convierte en una gran administradora. Aún es ella quien lleva las finanzas de Shakira, sólo que hoy se trata de sus impresionantes ingresos.

William también es un buen asesor de su hija. Cuida particularmente el área de las comunicaciones. Siempre ha hecho recomendaciones respecto del manejo que Shakira debe darles a los medios, porque ése es su fuerte, la parte intelectual de su consentida.

LA HERMOSA COMPAÑÍA

Para Shakira la compañía de sus padres es tan importante como su carrera misma. A ambos los necesita sobremanera. Nidia es el apoyo emocional, afectuoso y cómplice. William es su eterno impulsor.

Nidia conoce tanto a su hija que hasta tienen un lenguaje para comunicarse. Ella sabe cuándo ofrecerle su hombro y cuándo debe simplemente retirarse de una escena. Se acostumbró a formar parte de la existencia de su hija en una doble vía. Aunque son muy distintas. Shakira, por ejemplo, disfruta que le regalen un libro o un disco, mientras su madre es la que delira por las joyas que su hija a veces recibe de sus admiradores. Y es la misma mujer que cuando estaban en días duros prefería no comprarse nada ella y ver a su hija con vestidos nuevos. Por su hija se entregó en cuerpo y alma a su carrera, pero hoy por hoy, las recompensas han llegado sin límite.

8

"Pies descalzos"

Shakira

Lo que no se quiere
se mata

¿Qué fue lo que ocurrió en Colombia para que se vendieran millones de copias de *Pies descalzos*? La carrera de Shakira, que empezó con tanta dificultad, después del lanzamiento en el Teatro Nacional La Castellana creció como espuma y se consolidó para siempre.

Y sí hay una explicación: sus canciones. Eso marcó la diferencia, porque un año atrás, con su álbum *Peligro*, era sólo una chiquilla graciosa con ganas de triunfar.

Tanto así, que quien sería más tarde su *manager*, Patricia Téllez, no le paró bolas cuando la visitó en su oficina de Caracol Televisión. Fue después del tema incluido a última hora en el disco *Llena tu cabeza de rock*, el sencillo "¿Dónde estás corazón?", que todo fue a otro precio.

En menos de un año, la cantante se cotizó y pasó de no valer nada a firmar un contrato de exclusividad con Caracol Televisión por cincuenta millones de pesos mensuales. En realidad, Shakira había entrado a formar parte de la imagen del Grupo Santo Domingo, el primer conglomerado económico del país. Dueño no sólo de la empresa que la contrató sino de una cadena de radio, un canal de televisión y el diario *El Espectador*. Además le pertenece la empresa de bebidas Bavaria, la que incluye compañías de cerveza, gaseosas, agua y refrescos de frutas. Shakira se convirtió en la imagen de gaseosas Link, gracias a una campaña que se pasó por radio, televisión y prensa.

LA FIGURA JUVENIL DE MODA

Los millones de discos vendidos no sólo fueron en Colombia, también abarcó el mercado juvenil de Ecuador, Venezuela, Perú, Chile, Estados Unidos, España y Centroamérica. La presidenta de Caracol Televisión, Mabel García, ante la magnitud del negocio entablado con la nueva figura de la canción latina, le asignó ese producto a su ejecutiva y mano derecha, Patricia Téllez, quien desde ese momento se convirtió en su *manager*. Más tarde, Téllez renunció para estar al frente de una nueva empresa colombiana llamada simplemente: Shakira.

No sólo se trataba de las millonarias ventas de discos, paralelamente arrancó su gira de conciertos. Uno de los primeros se llevó a cabo en la misma Bogotá, en el estadio de fútbol El Campín. Shakira estaba en el cartel musical al lado de dos grupos que hacía menos de un año ella escuchaba en su *walkman* a todo volumen cuando visitaba a otros empresas relacionadas al espectáculo como Deportes y Mercadeo, para que la patrocinaran y en donde no encontró ayuda. Los grupos eran: Miguel Mateos y Café Tacuba.

Ese 1° de marzo los colombianos, al igual que un grupo de hombres de la radio del mundo que la vieron unos días antes en Los Ángeles, supieron de una vez por todas que había nacido una estrella.

LAS LETRAS

Si Shakira no escribe *Pies descalzos* en 1996 hubiese explotado. A la juvenil escritora varios temas le producían urticaria en el alma. El aborto o el odioso protocolo le daban vueltas en la cabeza, como una rueda de la fortuna, día y noche.

La intensidad de su vida en Bogotá, la lectura sin parar de temas profundos, los amores adultos que empezó a padecer, cocinaron a una autora de vanguardia. En Colombia, como ella misma lo dijo, no existía una cantante romántica con influencia tan aguda del *rock* y *folk*. Ella también consideraba que la gente joven, como ella, no era tonta, consecuentemente sí miraban más allá de sus narices.

Tuvo el palpito que la gente colombiana, los niños particularmente, iban a recibir su "propia desnudez" como suya. Y no se equivocó. Les gustó su honestidad. Su larga confesión en todo el álbum sobre su ideología, su manera de ver la vida y hasta de sentirla.

Lo mejor de *Pies descalzos* fue la otra forma que habló del amor. Eran los mismos sentimientos pero los mezcló con nuevos recursos, que iban desde la historia hasta el arte universal.

UN *GRITO DE AUXILIO*

Pero no sólo le cambió la ropa al amor, también tocó temas que le lastimaban o rechazaba tajantemente. Creía que por normas sociales y reglas bobaliconas, la gente prefería matar a un hijo o ponerse unas espantosas medias veladas, por temor a ser rechazados. Entonces nacieron temas que abordaban de frente esas preocupaciones: el aborto, el protocolo, lo tabú.

Shakira nunca lo admitió pero el título del disco *Pies descalzos* era una clara alusión a caminar descalza o lo que es lo mismo, andar sin reglas. Tenía conciencia que si no se cumplen el mundo es un caos, pero igualmente le parecían aburridas. Las fiestas de quince donde sólo importan las maneras, los machistas que creen que una mujer mayor de treinta "la dejó el tren" pero un hombre de la misma edad está en sus mejores años.

Con ese contenido maduro y con una música moderna, *rockera*, con inspiración *folk*, llegó al mercado esta nueva Shakira.

BARRANQUILLA ES TU CIUDAD

Una compositora como Shakira sólo puede nacer en una ciudad como Barranquilla. Libre, independiente, fresca y cosmopolita, así es ella y así es la ciudad en la que nació y creció.

Es en Barranquilla donde se gestó el grupo La Cueva, al que pertenecieron escritores como Álvaro Cepeda Samudio y Gabriel García Márquez o pintores de la talla de Alejandro Obregón.

No se equivocan quienes aseguran que fue en esa ciudad donde hubo más actividad cultural en los siglos XIX y XX. Su privilegiada ubicación como puerto marítimo y fluvial permitió que muchas compañías artísticas atracaran en sus puertos sin que nadie, y mucho menos los obstáculos de la naturaleza, las detuvieran.

Compañías teatrales y musicales eran apreciadas por los barranquilleros antes que en ninguna otra ciudad colombiana.

Hombres de empresa y amantes de la cultura como Emiliano Vengochea, Aníbal de Castro, Ernesto Vieco, Di Doménico, Alejandro y Luis Mc. Causland, fundaron y construyeron grandes salas de espectáculos desde el siglo XIX.

Barranquilla es un puerto realmente abierto, dispuesto a estar adelante en todo, por algo allí nació la aviación, el ferrocarril y las telecomunicaciones de Colombia.

Es una ciudad desparpajada, con ganas, y sus habitantes tampoco se quedan atrás. En la música, compositores de la talla de Joe Arroyo, Esthercita Forero, Rafael Campo Miranda y Pacho Galán, crearon sus mejores composiciones bajo "la luna barranquillera".

Entonces no es casual que una chica llamada Shakira Isabel Mebarack Ripoll se desarrollara artísticamente en sus calles, en sus "sesiones solemnes" y en sus solares y patios.

LOS INMIGRANTES ÁRABES

Es Shakira igualmente una descendiente orgullosa de la gran inmigración árabe, gentes que han llegado a Barranquilla y a toda la Costa Atlántica desde hace muchos años.

Los primeros inmigrantes que arribaron en barco a las principales ciudades costeras se dedicaron principalmente a la actividad del comercio. Pero las nuevas generaciones se han integrado totalmente a la sociedad y han descollado en otros ámbitos productivos.

Hay figuras en la política como los Name, en el periodismo como Juan Gossain, en las letras como Giovanni Quessep y Raúl Gómez Jattin. No es pues extraño que una chiquilla llamada Shakira, "Mujer llena de gracia", empezara su carrera musical bailando danzas árabes en su colegio, en los clubes sociales y ante un grupo de señoras divorciadas comandadas por el periodista Edgar García Ochoa.

9

"¿Dónde están los ladrones?"

Shakira

Se me acaba el argumento
y la metodología
cada vez que se aparece frente
a mí tu anatomía

Una amante perdedora, deslucida, humillada y con una capacidad asombrosa para burlarse de sí misma, es la Shakira que nació en las nuevas canciones del álbum *¿Dónde están los ladrones?*

El dolor, el llanto y el desamor, tan comunes en la balada y con mayor acento en el bolero, fueron sorpresivamente cambiados por el humor. Esta enamorada no espera compasión de nadie, no maldice al otro, no culpa al castigador. No. Ella se cuestiona a sí misma y se despedaza con adjetivos de este tamaño: inútil, bruta, torpe, traste.

En Colombia, al igual que en muchos países en Latinoamérica, la gente quedó fulminada con el tema elegido para lanzar el disco: "Ciega, sordomuda". Era una ranchera clásica en la melodía pero distinta en la letra.

Así como *Pies descalzos* es un álbum con un claro tinte social, *¿Dónde están los ladrones?* es un disco evidentemente romántico.

Se habla de amor de otra manera. En este nuevo lenguaje aún se conservan palabras como sol y cielo, pero hay otras que jamás alguien imaginó que estarían en una canción romántica: moscas, rodillas, metodología, uñas y zapatos. ¿Puede haber alguien más serio que Carlos Marx? Pues el hombre también cupo en estas letras de Shakira.

Estaba entonces Shakira lista a recoger, de una vez para siempre, lo que había sembrado con su álbum anterior. En el diario *El Tiempo*, el de mayor circulación en Colombia, el 10 de marzo de 1996, William Vergara —conocido hombre de radio y lanzadiscos de La FM, emisora de la cadena RCN— reflexionaba: "No podemos dejarnos deslumbrar por una artista que hasta ahora empieza a pegar. Es cierto que tiene talento, que su voz es fenomenal, pero no hay que perder la perspectiva. A ella le falta mucho para ser una estrella".

Sin embargo, con su álbum grabado bajo la producción Estefan Enterprises había nacido por primera vez una celebridad colombiana que conquistaría muchos mercados, reconocimientos y premios, en menos de dos años.

LOS LOGROS

Shakira en la Casa de Nariño con el presidente Ernesto Samper Pizano, su esposa e hijos; Shakira con el Príncipe de Monaco; Shakira en una cena brindada por Bill Clinton. Shakira recibe 41 discos de oro, 128 de platino, más de ocho millones de discos vendidos. Se llevó para su colección: un Prisma de Diamante, cuatro trofeos de la revista *Billboard*, un MTV, dos Lo Nuestro entregados por la Univisión, un World Music Award, en fin, todo eso ocurrió, mientras se presentaba igualmente en vivo en escenarios como el Auditorio Nacional de la Ciudad de México, la Plaza de Toros de Tegucigalpa, el Palacio de los Deportes de San Salvador, el Coliseo Óscar Arias, de San José de Costa Rica; Anfiteatro de Estudios Universal, en Los Ángeles, luego el Lincoln Center de Nueva York y aún no se detiene.

Por supuesto que regresó a El Campín de Bogotá, pero esta vez ella solita lo llenó a reventar.

A Shakira también le han otorgado otros trofeos que son menos conocidos pero que a ella la hicieron sentir muy orgullosa, ambos los recibió en Barranquilla: Estrella de Oro y Supercongo de Oro.

10

"Le pido al cielo sólo un deseo"

Shakira

El temprano éxito de Shakira no es de extrañar porque sabemos que no es un producto de un día. Shakira se convirtió en la artista latina con mayores logros y reconocimientos, en el menor corto tiempo posible, y ya nadie se lo puede arrebatar.

Todo le sucedió en pocos años.

De hecho, fue ayer cuando caminó descalza entre el Noticiero Criptón —hoy desaparecido de la televisión colombiana— y la Caracas, troncal que hasta hace unos meses era la más fea y caótica de Bogotá y quizás del mundo. Ese día la había citado el periodista César Castro a las diez de la mañana y la atendió hasta las dos de la tarde. Valía la pena esa nota en televisión porque el informativo tenía bien posicionada una sección llamada "Tras las huellas de las bellas".

Shakira, que se había convertido en una tranquila y paciente chica frente a los medios porque sabía que sus metas estaban en otras latitudes, esperó las cuatro horas. Sin embargo, al terminar el reportaje sintió ganas de quitarse las botas y caminar. Ser libre. Ese sentimiento que la determina siempre. Caminó cuatro cuadras largas por la hermosa avenida 39 hasta llegar a la Caracas. Allí decidió igualmente, y como no lo había hecho desde su arribo a la ciudad, montarse en una buseta urbana. Seguía descalza. Ella siempre ha hecho lo que le ha dado la gana.

Aunque hasta ahora ha creído ser una esclava de los convencionalismos, de quienes la quieren a la moda, de esos novios demasiado bellos pero tan distantes a su mundo rico interior, atada a las dietas, con una mordaza que no la deja gritar sus pensamientos, en realidad, Shakira es una mujer independiente y lo es desde hace mucho tiempo.

Su independencia la selló desde que se volvió una chica segura de sí misma. Quizás desde que oía a sus padres decirles a los otros, "es una niña prodigio". Lo es desde que desfilaba como una modelo profesional cual Cindy Crawford, y aún no tenía ni un metro de estatura. Lo es desde que devoraba libros para ser lo suficientemente lista y sorprender a quienes sólo le miraban sus rasgos morenos y lo que llevaba puesto. Es libre por el amor sumiso y desinteresado de Nidia, su madre, quien decidió desde que nació que jamás la dejaría sola frente al mundo. Lo es porque sus escasos miedos y pocas culpas no los anida en su mente y corazón por mucho tiempo. Shakira es libre porque no arrastra a nadie ni anda atada a su pasado, porque el presente es simplemente un adelanto de su futuro, que es el que la motiva y le regala el verdadero oxígeno que necesita para vivir.

EL FUTURO ESTÁ AQUÍ

El dilema de Shakira hoy en estos días febriles antes de que salga su disco para el mercado anglosajón, no es si gustará o no. Ella como lo ha hecho siempre, estará centrada en sorprender otra vez a quienes todavía dudan de lo que es capaz.

Buscará, por el contrario, llegarles a todos aquellos que sí han confiado en ella desde siempre.

A un Jairo Ossa Giraldo, director de la Cadena Amor Stéreo, quien siempre colocó sus canciones. A los periodistas que en Colombia no dudaron en hacerle el juego, aun cuando sus discos no eran precisamente una maravilla. Lo hará por sus padres, por su abnegada madre, por el novio de turno, pero principalmente por ella misma. Eso le permitirá ser mejor ser humano y, por lo tanto, se amará más equilibradamente.

Shakira está otra vez lista a subir en su escalera de miles de escalones.

EL MERCADO ANGLOSAJÓN

Shakira, contrario a lo que muchos creen, se viene preparando hace muchos años para entrar al mercado anglosajón, después de su disco *Peligro* manifestó abiertamente que su género era el *rock* y la influencia musical era del mismo estilo. No en vano escuchaba desde siempre a grupos como The Cure o U2, en sus ratos libres. Igual no veía otro canal en televisión que no fuese MTV, por lo tanto hace tiempo que está metida en ese ámbito musical.

No es un paso que decidió de la noche a la mañana, de hecho, desde que dejó Barranquilla y se radicó en Bogotá, empezó a estudiar inglés. Desde sus inicios la compositora y cantante ha demostrado que lo que se ha propuesto lo ha conseguido. No se duda en la actualidad de su capacidad y tenacidad para alcanzar las metas, porque ha demostrado con creces que no ha desfallecido en ningún momento de su ascendente carrera.

Sobre este tema opina el ejecutivo que la vio por primera vez en el *lobby* del Hotel Cadebia, en Barranquilla, Ciro Vargas, quien en la actualidad trabaja en la disquera MTM en Colombia: "Shakira será muy grande. Ella será la primera latina en conquistar el mercado norteamericano, estoy seguro. Ella ha conseguido todo lo que se ha propuesto, por lo tanto, este paso en su carrera no será la excepción".

Vargas concluye que si Shakira es la misma que él conoció a los 13 años, ella debe estar muy preparada para este nuevo paso.

Recientemente en una entrevista que concediera en Bogotá, al programa de televisión *Félix de noche*, Fernán Martínez Maheha, ex *manager* de Julio y Enrique Iglesias, y quien es considerado un mago de las relaciones públicas y del manejo de artistas populares, respondía que Shakira tenía un serio trabajo por delante, porque hasta el momento quienes son considerados los triunfadores del mercado anglosajón, entre ellos Ricky Martin, Jennifer López, Cristina Aguilera o Marc Anthony, ninguno de ellos nació realmente en América Latina. Su análisis es válido porque los cuatro artistas son descendientes de latinos pero todos nacieron en territorio norteamericano. Son de Puerto Rico, Nueva York y Los Ángeles. Por lo tanto, dominan desde niños el inglés. Ésa es la razón para que los consumidores norteamericanos no los sientan "extranjeros" de su lengua.

Shakira sería, en ese caso, la primera latina de nacimiento que busca ese mercado. ¿Por qué otros artistas latinos de éxito como Luis Miguel o Thalía no lo han intentado? Precisamente porque se tiene el convencimiento de que es una lucha que tiene un costo demasiado alto. Fracasar en ese sueño puede significar perder lo conquistado, o sea, el mercado de habla hispana.

Al respecto, opina Gustavo Gómez, jefe de redacción y crítico de música de la prestigiosa revista *Cromos de Colombia*: "El mercado anglosajón no es la culminación profesional de ningún artista, ya que ese mercado aguanta todo". Considera que el Grammy le llegó rápido pero que ese premio también se lo ganan inmerecidamente y agrega: "A Shakira profesionalmente aún le falta mucho". Sobre la conquista de un mercado nuevo y descuidar el otro dice: "Con el ritmo que tiene, con un trabajo excelente, con una técnica bien lograda, el mercado anglo se puede lograr, y el que tendría que cuidar es el local, porque se le puede acabar la gasolina", concluye.

No todos los entrevistados consideran que Shakira esté madura musicalmente para entrar a competir en el mercado de Estados Unidos, entre ellos está el periodista Sergio Barbosa, productor general de farándula del canal RCN, quien considera que "entrar al mercado anglo es complicado porque se trata de competir no a nivel micro sino macro, estamos hablando de competirle a Britney o a Madonna". Barbosa asegura que la autenticidad o su influencia de los ritmos árabes le pueden ayudar en sus propósitos pero que "si le compara con una Marbelle en Colombia ella va muy adelante, pero si hace con Madonna, aún le falta mucho".

Mas hay otros expertos que argumentan que Shakira sí esta lista para entrar a competir, ése es el caso de la directora de la revista *Mira*, de Miami, Dora Luz Vargas, quien opina: "Considero a Shakira completamente preparada. Tiene el talento para cautivar el mercado anglosajón. Además de belleza, talento y carisma creo que con otros amores no bien retribuidos hizo tantas letras hermosas para llegar al público, ahora que está tan enamorada de Antonio muy seguramente le brillará la inspiración. Tuve la oportunidad de estar en su primera nominación al Grammy. Compartí con ella la emoción en la limusina, el tapete rojo y la fantasía de esa gran noche y luego vino la decepción de no ganar. Pero Shakira jamás perdió el ánimo y nos dijo al final: 'Tranquilos porque algún día me voy a ganar el Grammy'. Mostrando esa seguridad y confianza que se tiene".

Otro voto de confianza sobre esta nueva etapa que enfrenta se lo entrega el gerente de comunicaciones de la cadena MTV Latina Beto Giraldo, quien no duda en afirmar: "El mercado anglo es complicado pero Shakira está preparada para los diferentes mercados del mundo, ya que tiene la conjugación perfecta en el momento perfecto: talento, convicción y ganas". Giraldo también considera una fortaleza "que está muy bien asesorada y apoyada por todo un *staff* empresarial. Su *manager* actual, quien ha manejado estrellas como Madonna y Michael Jackson, garantiza que sabrá perfectamente en qué momento lanzarla y de qué manera hacerlo".

Por muchos años algunos críticos de música han comparado los discos de Shakira *Pies descalzos* y *¿Dónde están los ladrones?*, con la música de la norteamericana y ganadora del Grammy, Alanis Morissette. La polémica aún no termina. Sin embargo, algunos consideran que cuando ella debute en el mercado norteamericano, le marcará mucho que en ese país hay muchas artistas con sus características y talento.

Así lo cree la periodista especialista en música, Olga Lucía Martínez, y quien trabaja en el legendario diario *El Espectador*. "No es fácil que Shakira entre a competir en el mercado anglo porque en él hay muchas como ella", y añade: "No es un trabajo de un año ni de un álbum, sino una labor de 3 a 5 años." Martínez considera que su reto es muy grande porque tiene tres características que la marcan:

"Es latina. Luego es una latina cantando en inglés y por último tiene que demostrar que es lo mejor que hay en el mercado", pero concluye de una manera optimista: "Confío en que le vaya bien porque tiene talento, disciplina y buena estrella."

11

"Servicio de lavandería"

Shakira

Contigo mi vida
Quiero vivir la vida
Lo que me queda de vida
Quiero vivir contigo

La Shakira despechada, en ocasiones perdedora y llena de ira, con la capacidad de burlarse de sí misma y de su amor derrotado que conocimos a través de sus versos del disco *¿Dónde están los ladrones?*, desapareció con su primer álbum en inglés, *Servicio de lavandería*.

De su doloroso romance con el actor Oswaldo Ríos quedaron grabadas las lágrimas en sus canciones, en las cuales se reconocieron los adolescentes de todo el mundo.

La chica que aún soñaba con tener a su lado a un actor famoso, guapo y triunfador; la misma que empezaba a conocer la fama internacional, supo desprenderse de sus miedos, amores y temores a tiempo, como quien se quita una piel. Y lo hizo con sus letras.

La compositora Shakira se desgarró en sus canciones. Logró un éxito imparable por su sinceridad y por la manera real cómo describió el desencanto que nace del mismo amor que se siente por alguien que no se lo merece. Pero la niña elegida, la protegida, estaba lista para grandes cosas, tanto en la música como en la vida personal.

MIAMI

Sus pasos hacia la conquista del mercado anglosajón, y por esa vía, la del mundo, han sido dramáticos aunque siempre seguros. Cuando decidió dejar a su primera *manager* internacional, Patricia Téllez, por Freddy DeMann, quien había trabajado por muchos años junto a Madonna y Michael Jackson, lo sintió. Sin embargo, el camino era largo y necesitaba a su lado a un hombre como DeMann. Fue quizás ésta la determinación más audaz de su carrera. De hecho, Shakira ya estaba radicada en Miami, ciudad ideal para internacionalizarse por completo, después del rotundo logro de *Pies descalzos*.

A su llegada a "la ciudad del sol", estuvo protegida musicalmente por el talentoso productor Emilio Estefan.

Junto a Emilio conformó un dúo extraordinario que dio como resultado *¿Dónde están los ladrones?* Sus cercanos saben que la intérprete vivió días y horas muy duras mientras grababa este trabajo porque ardía en fiebre debido a una fuerte gripa.

Como sea, cualquier sacrificio valió la pena. Dejar a Colombia para vivir en La Florida fue acertado, lo mismo que cambiar de *manager*. DeMann se mueve como pez en el agua en el universo musical y en el de los medios de comunicación. A su lado, la estrella logró con su siguiente producción una hazaña para cualquier artista latino nacido en América Latina: llegar con una canción del CD titulado *Servicio de lavandería* a los primeros lugares de popularidad y rotación en las emisoras estadounidenses.

Fue un hecho que nadie le podrá arrebatar que su tema "Whenever, wherever", consiguió al sexto puesto del Hot 100 de Billboard. Lo mismo ocurrió con "Underneath your clothes", tema que llegó al noveno puesto. Fue su manager el que aprovechó estos primeros minutos de su fama para sentarla al frente de los más célebres entrevistadores de Estados Unidos: Rosie O' Donnell, Ellen Degeneris, Jay Leno, Conan, David Letterman, Oprah. También la llevó a los programas *Today* o *Saturday Nigth Live*, entre otros. Eso sin mencionar que lograron las portadas de las revistas *Rolling Stone* o *People*.

UNA NUEVA SHAKIRA

Nada de esto ocurrió de la noche a la mañana. La colombiana decidió ser grande entre las grandes divas del *pop* y ninguna razón la detuvo. Así como canceló su vínculo laboral con la jefe de prensa, María del Rosario Sánchez, la primera profesional que trabajó su imagen y con quien lograra avances importantes hacia la fama, la cantante, igual le dijo bye a Patricia Téllez. Con ella había logrado los primeros lugares en Brasil, España, México, Chile, Centroamérica y, por supuesto, en el mercado hispano de los Estados Unidos. Las dos mantenían además una excelente relación que se mantuvo aún después de la separación profesional.

Así, la autora barranquillera continúa ascendiendo hacia la cima, dejando siempre a quienes llegado el momento no siente preparados para enfrentar sus nuevos y ambiciosos pasos.

La señorita Téllez, después se convertiría en su representante para América Latina y organizó la gira del *Tour La mangosta* por varios países hispanos, incluyendo el concierto de Colombia. Sólo que ya no compartía de cerca sus decisiones, triunfos, trofeos y ceremonias de la música, donde Shakira se convertía en el centro de atención: Premios MTV, Grammy, Lo nuestro, Billboard, por citar unos pocos.

Como dato triste e irreparable, dos años después, mientras intentaba llevar la carrera de otros artistas menos importantes que Shakira, Patricia Téllez murió en su apartamento de Bogotá. Su cuerpo fue descubierto un día después por la persona que le ayudaba en los quehaceres domésticos. La cantautora, sin pensarlo dos veces, suspendió sus compromisos y acudió a la despedida final de Patricia.

SENCILLAMENTE ANTONIO

La cosa fue así. Ella estaba en el cielo. Se movía en el universo de las artistas *pop* del momento. Millones de chicas en el mundo querían mover las caderas como ella lo hacía en el video *Ojos así*. Sus letras tenían lugares comunes, pero destellos únicos. Vivía un momento irrepetible.

Su música, su aire árabe, sus movimientos, su figura en trenzas, estaban en todo su apogeo. Nadie miente si afirma que ella era la artista con mayor brillo en el mundo de habla hispana. A sus anteriores rivales las había dejado en el camino. Ya pocos la mencionaban junto a Thalía y Paulina Rubio. Imposible. Ya no tenía rivales. No en este hemisferio. Su carrera no sólo la respaldaban sus fanáticos sino los principales críticos de la música.

Con esta atmósfera perfecta llegó Shakira a Buenos Aires, en mayo de 2000. Mayo inolvidable cuando "chocaron" estos dos meteoros. Llovió toda la noche, aunque no en el camerino decorado al estilo árabe de la cantante.

Y esa noche conoció más de cerca al hijo del entonces presidente de Argentina. En marzo ya se habían cruzado sus miradas rápidamente. En aquella ocasión, en el Luna Park, él se ofreció a llevarle a los mejores lugares de Buenos Aires.

Abogado, guapo; hasta ese momento tenía fama en Argentina de ser poco rumbero. Muchos lo acusaban de ser el poder detrás del trono de su padre, el presidente Fernando de la Rúa. Consejero presidencial sin haber llegado a los 30 años, Antonio de la Rúa resultó ser para la artista el galán ideal.

El caso fue que el hijo del presidente fue al camerino y por primera vez le habló a Shakira del sur de su país. Ella le confesó que era su sueño ir a conocerlo y que Visa, la tarjeta de crédito, le tenía una invitación para ir a Bariloche. El encuentro estaba marcado.

En Bariloche nació el romance. Cenaron juntos, lejos de testigos, en el restaurante Coihue del Hotel Llao Llao. Se conocieron mejor mientras veían un partido entre Boca y River. Sus hermanos, Tonino y Eduardo, al igual que los guardespaldas del asesor de comunicaciones de Fernando de la Rúa, permitieron el enamoramiento.

Luego, vieron en DVD la película *Bananas* de Woody Allen. La suite llamada Tronador se convirtió en el perfecto refugio amoroso.

Desde entonces la pareja no se separa. Las distancias, por culpa de la promoción de su disco *¿En dónde están los ladrones?*, fueron su único obstáculo y el recibimiento de los Grammys Latinos en Los Ángeles.

Y, claro, no todo fue color de rosa. La vida no es así y eso lo sabían los dos que enfrentaron valientemente momentos tristes por culpa de varios escándalos que generó la prensa argentina. Antonio, por fortuna, conocía de cerca lo que significa ser "alguien público" y estar expuesto a todo. Sin ir lejos, sus paisanos lo acusaron de que antes de graduarse de la universidad alteró sus calificaciones. Sin embargo, el titular más escandaloso en los diarios tuvo que ver precisamente con su viaje a Bariloche con Shakira. Según los periódicos, la conquista de Antonito le costó al Estado 12500 dólares. Más tarde, él dijo a la prensa que él sólo pagó 600 dólares, el valor del pasaje, porque la familia de la artista lo había invitado y, en consecuencia, cubrieron el resto de sus gastos.

Aún así la pareja no dejó que las cosas se enfriaran. Su segundo gran encuentro fue en Miami.

Paseos en el Mercedes Benz de ella más cenas y caminatas por Ocean Drive redondearon el amor de la pareja de moda. Y no cesaron tampoco los escándalos, pues el padre de Antonio fue acusado de sobornar al Senado de Argentina para que aprobaran una ley laboral. El caso lo llevó hasta las últimas consecuencias políticas. Fue destituido de su cargo.

Perdió la presidencia y Antonito estuvo envuelto en las bochornosas noticias que publicaban.

Shakira siempre estuvo a su lado. La estrella no dejó de ser una mujer enamorada que respaldaba en todo a su pareja. En contraste, las cosas para ella no podían ir mejor en el aspecto laboral. Después de sus éxitos con *MTV Unplugged*, *¿Dónde están los ladrones?* y *Servicio de lavandería* llegaron más y más triunfos en Europa. Las ventas de sus discos, los contratos con Pepsi, entre otros, reafirmaron su brillo a nivel mundial.

Después de salir de Argentina, acusados de sobornos y perseguidos políticamente, algunos pensaron que Shakira se distanciaría de Antonio. Pero no y la respuesta la entrega ella misma. Nunca ha sido más feliz. Junto a él se siente tranquila, lo que para ella es sinónimo de felicidad. Y para muchos allegados, su pareja la aconseja sabiamente en el tema económico y de inversiones. Él forma parte viva de su equipo actual, no es un "adorno" en sus giras, por el contrario, sus neuronas trabajan para la mujer que ama.

12

"Las caderas no mienten"

Shakira

Shakira primero le rindió homenaje a la música de su novio, Antonio de la Rúa, con dos temas, "Te aviso, te anuncio", y el segundo, en inglés, "Objection" (Tango), que a la música de su país, Colombia. Reina del *pop*, la artista barranquillera, se dio a conocer primero como una descendiente de árabes, por encima de ser una vocalista nacida en el Caribe colombiano.

Hecho que marca la diferencia entre ella, colombiana de origen árabe, y Juanes, otro artista nacido en Medellín, Colombia, de gran éxito internacional, quien ha logrado primeros lugares de popularidad cantando en español, y haciendo gala de un nacionalismo a toda prueba.

Los temas de Juanes son tan colombianos como el sombrero vueltiao, símbolo de esta nación.

Entonces, no deja de ser curioso y aleccionador lo ocurrido a Shakira con su álbum *Oral Fixation 2*, su segundo disco en inglés. Mientras *Fijación Oral 1* había sido todo un éxito, tanto en ventas como en crítica, particularmente por el tema "La tortura", su disco en inglés arrancó sin fuerza.

La primera canción que rotó no ratificó su formidable talento, especialmente, "Don't Brother", tema que estaba sustentado con un muy buen video, pero ni así cautivó de la manera esperada.

Shakira, quien quiso que su carrera como artista *pop* fuera independiente a su esencia latina, tuvo que repensar su estrategia para volver a los primeros lugares. Así nació su reciente éxito mundial *Las caderas no mienten*.

CUMBIA COLOMBIANA

Para nadie es un secreto que Shakira por la búsqueda de la universalidad, sacrificó en gran parte su origen colombiano y caribeño. Tanto así, que un famoso programa de humor de su país llamado *La luciérnaga* tiene un personaje que la imita y cada vez que habla la artista lo hace con acento argentino.

Eso demuestra que muchos le critican que haya preferido hasta cantar un tango que una cumbia colombiana, en sus primeros discos. Pero llegó el momento y de qué manera; le tocó a ella y a sus asesores aprender que mientras más se busca la universalidad más hay que anidar en lo propio, en lo local.

Fue con una canción caribeña, con sabor a cumbia, con aires muy colombianos en algunos momentos, que la celebridad musical logró reconquistar ese primer lugar tan anhelado por todos los cantantes en el Hot 100 de *Billboard*.

Shakira, de 29 años, es en la actualidad una mujer de letras y números. Sí, las cifras que rodean su carrera hablan mucho más que sus caderas. Ha vendido más de 30 millones de copias de discos en el mundo. *Fijación oral 1* ya tiene el récord de dos millones de copias. Su más reciente éxito en inglés, *Oral Fixation 2*, ha vendido más de un millón de unidades, sólo en Estados Unidos. En menos de una semana saltó del noveno al primer lugar del Hot 100 de *Billboard*, luego de romper el récord de descargas por Internet.

Arrancó su *Tour Oral Fixation* en España con la asistencia de más de 15 mil fanáticos, recorrido que suspendió exclusivamente para cantar para más de 1500 millones de televidentes en la ceremonia de clausura de la Copa Mundial de Futbol 2006, Alemania.

Sus conquistas son incuestionables. Hace un par de años se presentó en Las Vegas junto a las más grandes: Celine Dion, Cher y el grupo Dixie Chicks. Además, participó con un alto reconocimiento en Live 8, conciertos que reunieron a millones de espectadores y televidentes a favor de la niñez abandonada, certámenes que se realizaron en distintas ciudades del planeta. Como si fuera poco se ha ganado con lucha y sobrado talento, cada uno de los premios que tiene en casa: MTV, Grammy, Lo nuestro, MTV Europa, MTV Latino. Sus discos de platino y sus trofeos no caben en un cuarto pequeño.

"DÍA DE ENERO"

Más enamorada que nunca, más ferviente admiradora de su novio Antonio de la Rúa, anda Shakira. Sin embargo, los hijos y el matrimonio han tenido que esperar mientras consigue alcanzar más cimas en su descomunal carrera artística. Shakira ha cambiado mucho, y de forma muy evidente.

Antes, en sus comienzos, le gustaba maquillarse fuerte, con sombras oscuras, con mucha pestañita. Aunque tenía escasos 15 años, su maquillaje muy sensual, cargado, y la cabellera bien negra, la hacían ver mayor. Hoy, casi cercana a los treinta, se maquilla mucho menos, en tonos pastel muy sutiles y en los labios se aplica brillos sensuales. Es más natural. Así se le ve en videos como *No* o *Día de enero*, en los cuales aparece descalza y dibuja un corazón con las iniciales suyas y de Antonio.

Para lucir más segura de su apariencia y más natural ella hizo cambios en su físico, como vale decirlo, lo hacen todas las famosas y los que no son famosos, pero desean verse muy bien. En el caso de la colombiana son notorios los retoques en su sonrisa que ahora luce más grande y pareja. De su busto pequeño siempre se ha enorgullecido y así lo ha cantado en algunos versos y lo ha mostrado en videos como *Objection*, en donde incluso es ella quien hace explotar los senos artificiales de una *vedette* muy bien dotada.

Mientras antes le gustaba llevar el cabello muy liso y nunca posaba para una foto con sus originales crespos, desde su conquista en inglés, casi siempre se le ve luciendo su cabellera natural y cada vez más rubia. Igual, cuando hace las giras de carácter humanitario, con su propia fundación o con UNICEF, prefiere ropa casual, siempre con algún accesorio que le dé sello.

Lo que no ha podido es borrar de su mente el pasado. Nadie puede, aún así, Shakira está intentando guardar sus pasos, sus huellas, sólo para sí misma. Por ello anda en la tarea de recuperar todas las fotos posibles que le hicieron en sus comienzos en Colombia. También compró los derechos mundiales de *El Oasis*, un dramatizado que protagonizó con su imagen de chica latina. Ahora que es felizmente platinada no quiere que los medios sigan publicando esas imágenes. Claro, ella es una mujer que da sorpresas y cualquier día regresa a sus raíces.

Después de convertirse en una figura del *pop* mundial con *Servicio de lavandería*, Shakira tuvo tiempo para otros menesteres, tales como visitar la tierra de su padre, el Líbano. Aparte, se acercó más a sus hermanos, nacidos en el primer matrimonio de su padre. Con ellos inició una etapa vigorosa en su vida, la de la familia grande, porque antes su hogar lo conformaban sólo sus padres y ella. Todos sus familiares siguen de cerca su vida y la acompañan siempre en los momentos importantes.

FUNDACIÓN PIES DESCALZOS

En honor a su primer gran éxito internacional, el álbum *Pies descalzos*, la artista colombiana creó la Fundación Pies Descalzos, labor que en un principio sólo consistió en regalar a los niños pobres de su ciudad natal zapatos tenis de Reebok, marca que se convirtió en una de las primeras en apoyar la noble causa que apoya la joven.

En dos oportunidades Shakira regaló calzado a niños pobres; sin embargo, su labor social adquirió mucho más importancia desde que se vinculó a ella la ex canciller de Colombia y reconocida líder política liberal, María Emma Mejía. Ambas mujeres, inteligentes y sensibles, concentraron sus esfuerzos en ayudar a los niños desplazados.

Y es que el conflicto armado interno en Colombia, según estudios de la ONU, ha causado el desplazamiento de más de dos millones de colombianos. Según estadísticas oficiales, en el 2004 se reportaron casi sesenta mil niños desplazados, sólo en ese año. (Desplazados es un término que se usa en Colombia para referirse a personas que viven en el campo y presionados por la violencia deben abandonar, de un momento a otro, sus casas y sembrados para ir a las grandes ciudades sin trabajo ni porvenir claro. Suelen terminar pidiendo caridad en la calle pues su sabiduría y conocimientos tienen que ver con la tierra, con las cosechas, con el ordeño, no con las actividades propias de una urbe.)

La Fundación Pies Descalzos empezó a trabajar con la niñez desplazada desde 2001 pero fue en el 2003 que una primera escuela abrió sus puertas, en Quibdo, población con una alta comunidad afrocolombiana. Hoy, 630 niños reciben educación y nutrición, gracias a la cantante. Aparte, más de 25 profesores tienen trabajo permanente y bien remunerado.

Pero eso fue el comienzo, porque después concentraron sus esfuerzos en Barranquilla, su amada ciudad. Abrieron las escuelas Las Américas y la Siete de Abril, donde 900 niños reciben apoyo total.

Luego han concentrados sus esfuerzos en el sector de Soacha, cerca de Bogotá, sitio en donde se ubican más refugiados de la violencia, y en donde existe mayor necesidad de ayuda a la niñez. En las escuelas Gabriel García Márquez y El Minuto cerca de mil niños encuentran otra oportunidad, esta vez generosa y pacífica.

Entre los planes inmediatos de Shakira está realizar un concierto estilo Live 8, a finales de 2007, con los artistas que más admira y quiere como Alejandro Sanz, Juanes y Juan Luis Guerra, entre otros. Queda claro que mientras sus caderas no se detengan estos niños tendrán en ella a una auténtica hada madrina.

El mundo le hace venias a Shakira, aún así, Shakira baja la cabeza ante Dios, ante la Virgen María. Ella, que tiene más neuronas de las normales sabe que sólo un Ser Superior pudo darle ese gran talento. Sólo un Dios pudo convertirla en "una elegida", en una estrella que brilla no sólo por lo aparente, como ocurre con tantas superestrellas.

Shakira también es grande en lo que no se ve, en su interior, interior que nunca terminaremos por develar por más que intentemos traducir sus emociones y cambios físicos. Es la barranquillera un ejemplo más y contundente de ese llovido refrán que dice que "si se quiere, se puede". Ella no sólo pudo… ella sobresalió. Está en la punta del iceberg.

Aplausos… sonoros aplausos para una mujer que no se resigna a ser olvidada, y que de hecho a sus 29 años puede decir con toda tranquilidad que ha escrito historia. De generación en generación se hablará de ella como la artista que siendo latina, colombiana para más señas, sedujo al mundo al transformar sus sentimientos en letras y melodías.

Aplausos, sonoros aplausos para Shakira…

Shakira.
Lo que nadie conoce, de Maria Sánchez y Ana Sofía Sierra
Esta obra se terminó de imprimir en octubre del 2006
en los talleres de Litográfica Ingramex, S.A. de C.V.
Centeno 162-1, Col. Granjas Esmeralda
C.P. 09810 México D.F.